Vorwort.

Der praktische Kaufmann fragt nicht nach der wissenschaftlichen Begründung juristischer Ansichten, sondern nach ihrer Bedeutung für die Praxis. Eine Abhandlung über den Aufsichtsrat der Aktiengesellschaft, die diesem Bedürfnisse entspricht und den Mitgliedern der Aufsichtsräte wie allen übrigen Beteiligten in möglichst kurzer aber umfassender Form schnellen Aufschluß über die Rechte und Pflichten des Aufsichtsrates gibt, fehlt bisher. Die vorliegenden Ausführungen wollen versuchen, dem Mangel abzuhelfen. Damit aber auch derjenige, der als Kaufmann oder als praktischer Jurist anläßig eines Streitfalles oder einer Meinungsverschiedenheit Aufschluß über die einzelnen Ansichten von Literatur und Rechtsprechung sucht, sich diesen Aufschluß zu verschaffen vermag, sind den Ausführungen die im Texte selbst seiner leichteren Lesbarkeit wegen vermiedenen diesbezüglichen Nachweisungen beigefügt.

Der Verfasser.

Inhaltsverzeichnis.

Seite

Einleitung.

Allgemeine Kennzeichnung des Aufsichtsrats.

Seit der Novelle zum Handelsgesetzbuch vom 11. VI. 1870 muß jede Aktiengesellschaft — wie schon vorher die Kommanditgesellschaften auf Aktien — einen Aufsichtsrat*) haben.

Wie früher die staatliche Genehmigung eine Ausbeutung des Publikums verhindern sollte, so soll heute der AR. bei der Gründung verwerfliche Methoden zur Beibringung der Aktienzeichnungen verhüten und darüber hinaus nach der Gründung die Interessen der Aktionäre dauernd wahren.

Bei der Neufassung des Handelsgesetzbuches im Jahre 1877 ließ man die ausdrückliche Bestimmung des Artikels 209f, daß der AR. ein notweniges Organ der Aktiengesellschaft sei, weg, weil man mit Recht der Ansicht war, [1]) daß eine solche Bestimmung gegenüber dem sonstigen Inhalt des Gesetzes überflüssig sei.

Trotz des Wortlautes des § 2 der Novelle von 1870, der den Artikel 209f unter denjenigen Vorschriften aufführte, die auf ältere Gesellschaften keine Anwendung finden sollten, [2]) hat sich das Reichsgericht mit Rücksicht auf den ganzen Geist des Gesetzes [3]) mit überzeugender Begründung dahin ausgesprochen, daß auch ältere, vor 1870 gegründete Gesellschaften einen AR. haben müssen. [4])

Streit ist entstanden ferner über die Frage, ob die Bezeichnung „Aufsichtsrat“ obligatorisch sei

*) Im folgenden wird statt „Aufsichtsrat“ der Kürze halber stets „AR.“ geschrieben.

oder nicht.*) Der ersteren Ansicht ist zuzustimmen. Es muß jedem erkenntlich sein, ob er in einem Kollegium wirklich einen AR. im Sinne des Gesetzes vor sich hat oder nicht. Das ist nur möglich, wenn dies Kollegium auch die Bezeichnung „Aufsichtsrat" gebraucht.

Der Geschäftskreis des AR. wird weiter unten näher darzulegen sein. Hier genüge folgendes:

Bei der Aktiengesellschaft ist, wie bei jedem Geschäftsbetriebe, die innere Geschäftsführung und Verwaltung zu unterscheiden von der Vertretung nach außen. Die Organe der Aktiengesellschaft haben sich in diese beiden Funktionen zu teilen. Das Reichsgericht (RG. Bd. 3 S. 129) grenzt ihre Befugnisse dahin ab, daß es sagt, die Aktiengesellschaft habe ein Willensorgan: die Generalversammlung, ein ausführendes Organ: den Vorstand und ein kontrollierendes Organ: den AR. Das ist zwar im großen und ganzen richtig, geschäftsführende Organe der Aktiengesellschaft sind aber außer dem Vorstand auch noch die Generalversammlung, ja zum Teil auch der AR. Als Vertretungsorgan kommt ferner nicht nur der Vorstand, wie es die Regel ist, in Betracht, sondern neben ihm ausnahmsweise auch noch der AR., in einigen Fällen auch die Generalversammlung. Wir können also sagen: **Der AR. ist Organ für die innere Verwaltung und Geschäftsführung, ausnahmsweise auch für die äußere Vertretung.** Die geschäftsführende Tätigkeit des AR. ist zur Hauptsache eine im Interesse der Aktionäre geübte Aufsichtstätigkeit (§ 246 Abs. 1 HGB.), zum Teil besteht sie aber auch in reinen Verwaltungshandlungen, so bei der Bestellung von Prokuristen (§ 238), bei Berufung der Generalversammlung (§ 246 Abs. 2), Erteilung der Zustimmung zur Übertragung von Kleinaktien (§ 222 Abs. 4). Der Kreis der dem AR. obliegenden Verwaltungsgeschäfte kann durch den Gesellschaftsvertrag erweitert werden (§ 246 Abs. 3).

Vorausgeschickt sei ferner noch kurz folgendes:

Der AR. als solcher ist Organ der Aktiengesellschaft, nicht seine einzelnen Mitglieder, soweit das Gesetz daher nichts anderes bestimmt, hat er als solcher tätig zu werden und sind die einzelnen Mitglieder zu selbständigen Handlungen nicht befugt.

Zur Vornahme der ihm obliegenden Verrichtungen kann der AR. nicht wie der Vorstand durch das Registergericht angehalten werden.

Der AR. kann die Ausführung seiner Obliegenheiten keinem anderen Organ oder gar einem Dritten übertragen (§ 246 Abs. 4 HGB.). Dadurch wird aber nicht ausgeschlossen, daß neben dem AR. noch ein besonderer Verwaltungsrat gebildet wird, nur darf dieser nicht in die gesetzlich dem AR. vorgeschriebene Tätigkeit eingreifen.[6])

Erstes Kapitel.

Zusammensetzung und Wahl des Aufsichtsrats.

§ 1. **Die Mitglieder des Aufsichtsrates:** a) **Zahl:** Der AR. muß mindestens aus drei Mitgliedern bestehen (§ 243 HGB.), in der Praxis hat er meist mehr. Bei der Bestimmung der Mitgliederzahl kann auch eine bewegliche Zahl (eine Mindestziffer oder Höchstziffer oder beides) gewählt werden. Es kann also z. B. gesagt werden, daß der AR. aus „mindestens 3 und höchstens 6" Mitgliedern bestehen soll. Die Festsetzung einer beweglichen Mitgliederzahl empfiehlt sich, um zu vermeiden, daß der AR. bei Wegfall eines Mitgliedes beschlußunfähig wird.

Die Mitglieder des AR. werden nicht in das Handelsregister eingetragen, jedoch sind bei der Anmeldung der Aktiengesellschaft zum Handelsregister die Urkunden über die Bestellung des AR. dem Gericht mit einzureichen (§ 195 Abs. 2 Ziff. 4), und das Gericht hat bei der Veröffentlichung der Eintragung Name, Stand und Wohnort der AR.-Mitglieder bekannt zu geben (§ 199 Ziff. 4). Ferner sind Änderungen in den Personen des AR. später vom Vorstand der Gesellschaft in den Gesellschaftsblättern bekannt zu machen und die Bekanntmachung ist zum Handelsregister einzureichen (§ 244).

b) **Wer kann Mitglied des Aufsichtsrats sein?** Mitglied des AR. können nur natürliche, nicht auch juristische Personen sein. Eine rechtsfähige Handelsgesellschaft, also etwa eine Aktiengesellschaft, Kommanditgesellschaft auf Aktien oder G. m. b. H. kann also nicht gewählt werden. Man hat hiergegen zwar praktische Gründe geltend zu machen gesucht [7]) und hat insbesondere darauf hingewiesen, in welch üble Lage die Bankaktiengesellschaften gerieten, wenn ihre Direktoren wechselten. Gerade die Praxis scheint mir aber zu erfordern, daß nur natürliche Personen Mitglieder des AR. werden. Auch bei den größten Bankinstituten beruht der Ruf, den sie genießen, nicht zum mindesten auf den leitenden Persönlichkeiten. Es würde sich zweifellos kaum eine Generalversammlung finden, die eine Bank und nicht deren Inhaber oder Direktor persönlich im AR. sehen wollte. Wenn der Bank bei einem Direktorwechsel Unbequemlichkeiten entstehen, so wird sie sich damit abfinden.

Nicht Mitglied des AR. sein kann jedenfalls eine offene Handelsgesellschaft, [8]) sie besteht aus mehreren natürlichen Personen, von denen jede einzelne AR.-Mitglied sein kann.

Auch die natürlichen Personen besitzen nicht sämtlich die Fähigkeit, AR.-Mitglieder zu werden. Die Novelle von 1884 hat allerdings von dem Erfordernis, daß die AR.-Mitglieder Aktionäre sein mußten, abgesehen, und zwar mit Recht, denn diese Bestimmung verhinderte, daß fähige Leute, die aus irgendwelchem Grunde nicht in der Lage waren, Aktien zu erwerben, in den AR. eintraten. AR.-Mitglieder können ferner auch Frauen sein. Ebenso sind Ausländer, Beamte, Konkursschuldner, nicht im Besitz der bürgerlichen Ehrenrechte befindliche Personen nicht vom Amte ausgeschlossen. Allerdings schreibt das Reichsbeamtengesetz in § 16 dem Beamten die Genehmigung seiner vorgesetzten Behörde für die Annahme von AR.-Stellen vor und gleiche oder ähnliche Bestimmungen treffen die Landesgesetze, so das Preuß. Gesetz vom 10. VI. 1874. Diese Beschränkungen haben aber lediglich disziplinarrechtlichen Charakter, die Gültigkeit der Wahl beeinflussen sie nicht. Dagegen ist es rechtlich nicht zulässig, „Geschäftsunfähige" zu wählen, d. h. solche, denen das Gesetz die Fähigkeit rechtsgeschäftliche Handlungen vorzunehmen, abspricht. Unfähig, Mitglied des AR. zu werden sind demnach Minderjährige unter 17 Jahren, Irre und wegen Geisteskrankheit Entmündigte. Es besteht aber rechtlich kein Hindernis, daß „beschränkt Geschäftsfähige", d. h. über 17 Jahre alte Minderjährige, wegen Geistesschwäche, Verschwendung oder Trunksucht Entmündigte AR.-Mitglieder werden.

Auch der Gesellschaftsvertrag der Aktiengesellschaft kann die Wählbarkeit auf bestimmte Personen beschränken. So ist eine Bestimmung, daß nur Aktionäre[9]) oder gar nur Aktionäre bestimmter Aktien (etwa der Nummern 1—100) Mitglieder des AR. sein könnten, für gültig zu erachten. Gültig ist auch eine Bestimmung, welche die Wahl von Konkursschuldnern oder Ausländern oder nicht im Besitz der bürgerlichen Ehrenrechte befindlichen Personen untersagt. Die Beschränkungen dürfen aber nicht soweit gehen, daß dadurch die Wahlfreiheit aufgehoben oder wesentlich eingeengt wird. Für ungültig erklärt worden ist daher z. B. eine Bestimmung des Gesellschaftsvertrages, daß für den Fiskus 2 Personen zu wählen seien.[10])

Es ist auch zulässig, neben den eigentlichen Mitgliedern noch Stellvertreter zu wählen. Die Wahl von Stellvertretern wird sich manchmal empfehlen, um einer Beschlußunfähigkeit vorzubeugen, obschon andererseits zu berücksichtigen ist, daß bei der Wahl von Stellvertretern oft nicht sorgsam genug verfahren wird und daß man nicht immer wissen kann, welches Mitglied überhaupt wegfallen wird.

§ 2. Die Wahl des Aufsichtsrates.

a) **Wahl durch die Generalversammlung als notwendiges Erfordernis.** Mitglied des AR. werden kann man nur durch ordnungsmäßige Wahl seitens der Generalversammlung, wie sie § 243 HGB. vorschreibt. Hinsichtlich des ersten AR. bestimmt allerdings für den Fall der Simultangründung, d. h. der Übernahme aller Aktien durch die Gründer, § 190 Abs. 1 HGB., daß er durch diese letzteren gleichzeitig mit der Errichtung der Gesellschaft oder in einer besonderen gerichtlichen oder notariellen

Verhandlung zu bestellen sei; es ist aber zu beachten, daß die Gründer hier im Zeitpunkt der Errichtung der Gesellschaft schon eine Generalversammlung bilden. Übernehmen die Gründer nicht alle Aktien, so ist auch für die Wahl des ersten AR. eine besondere Generalversammlung zu berufen.

Kein Ersatz der Wahl. Aus dem Gesagten folgt, daß der Gesellschaftsvertrag nicht etwa bestimmen kann, daß eine bestimmte Person oder der Inhaber einer bestimmten Stellung ohne weiteres AR.-Mitglied sein soll oder daß eine bestimmte Person oder der Inhaber einer bestimmten Stelle eine oder mehrere AR.-Mitglieder zu ernennen haben. Ebenso ist unzulässig eine Vereinbarung zwischen mehreren Gesellschaften, wonach ohne Wahl jemand von der einen Gesellschaft in den AR. der anderen Gesellschaft eintreten soll, gültig dagegen eine Vereinbarung, daß die eine der beiden Gesellschaften sich verpflichtet, den betreffenden Herrn ihrer Generalversammlung vorzuschlagen.

Keine Übertragung der Wahlbefugnis. Die Wahlbefugnis der Generalversammlung kann weder durch den Gesellschaftsvertrag noch auch durch Beschluß der Generalversammlung selbst an ein anderes Organ der Aktiengesellschaft, einen Aktionärausschuß oder an einen Dritten übertragen werden. Ferner ist es unzulässig, dem AR. selbst durch Statut oder Generalversammlungsbeschluß die Befugnis zur Zuwahl weiterer Mitglieder zu geben. Allerdings ist die Bestimmung des § 243, daß der AR., sofern nicht der Gesellschaftsvertrag eine höhere Zahl festsetzt, aus drei von der Generalversammlung zu wählenden Mitgliedern bestehe, nicht sehr glücklich gefaßt. Damit soll aber nicht etwa gesagt werden, daß die Wahl weiterer Mitglieder nicht durch die Generalversammlung zu erfolgen brauche. Mit Recht hebt die Denkschrift zum Entwurf der Novelle von 1884 (S. 213) hervor, daß der AR., der dem Vorstand gegenüber die Rechte der Aktionäre zu vertreten habe, nur durch die Wahl seitens der Generalversammlung die nötige Autorität gewinne, und daß deshalb jede Delegations- und Kooptationsbefugnis beseitigt sein solle.[11]) Der AR. kann auch nicht etwa vorübergehend für den Fall eintretender Beschlußunfähigkeit bis zur Vornahme von Ergänzungswahlen befugt werden, eine ihm geeignet erscheinende Person zu den Beratungen mit beschließender Stimme hinzuzuziehen[12]) und ebenso kann man ihm nicht das Recht der Zuwahlen in der Weise übertragen, daß ihm die Ernennung weiterer Mitglieder vorbehaltlich der Genehmigung der Generalversammlung zusteht. Die Generalversammlung darf in ihrer Wahlfreiheit nicht beschränkt werden.

Folgen der Unterlassung der Wahl. Übt jemand, der nicht durch Wahl der Generalversammlung zum Mitglied des AR. geworden ist, Funktionen eines solchen aus, so hat das rechtlich keine Bedeutung. Die unter seiner Mitwirkung gefaßten Beschlüsse sind, ohne daß es einer Klage bedürfte, ungültig, es sei denn, daß nach dem Gesellschaftsvertrag für die Teilnahme eine Mindestziffer bestimmt ist und eine dementsprechende Anzahl von Mitgliedern mitgestimmt hat.

b) **Wie geschieht die Wahl?** Die Wahl des AR. durch die Generalversammlung muß erfolgen in Form eines ordnungsmäßigen Beschlusses, für den die allgemeinen Bestimmungen gelten. Insbesondere muß bei Berufung der Generalversammlung bekannt gemacht werden, daß dieselbe sich mit der Wahl des Aufsichtsrates befassen soll (§ 256).

Der Wahlbeschluß muß ausdrücklich gefaßt werden, es genügt nicht etwa, daß die Generalversammlung ohne Abstimmung über einen Wahlvorschlag hinweggeht in der Absicht, ihn dadurch stillschweigend zu genehmigen.

Zur Gültigkeit des Wahlbeschlusses ist an sich einfache Majorität, d. h. die Mehrheit sämtlicher abgegebenen Stimmen erforderlich, doch kann im Gesellschaftsvertrag die Notwendigkeit einer anderen Mehrheit festgelegt werden (§ 251 Abs. 2).

Es muß nicht der ganze AR. zusammen gewählt werden. Das Gegenteil folgt nicht etwa aus § 243 Abs. 3; wenn hier von einer Wahl des AR. die Rede ist, so soll das eben die Wahl seiner einzelnen Mitglieder bedeuten.[13]) In der Praxis ist es auch durchaus üblich, die Wahl der Mitglieder einzeln vorzunehmen. Satzungsgemäß pflegen nach Ablauf jedes Geschäftsjahres ein oder mehrere Mitglieder aus ihrem Amte auszuscheiden, so daß jede ordentliche Generalversammlung Neuwahlen vorzunehmen hat. Diese Methode wird gewählt, um eine plötzliche Änderung des ganzen Mitgliedbestandes zu vermeiden und dem AR. das Gepräge einer möglichst stetigen Einrichtung zu geben.

Eine Wiederwahl von Mitgliedern, deren Amtszeit abgelaufen ist, ist nach dem Gesetz durchaus möglich.

Ein Beschluß der Generalversammlung, die AR.-Stellen zu vermehren, bedeutet eine Satzungsänderung, die erst durch Eintragung im Handelsregister Wirkung erlangt (§ 277 Abs. 3). Vorher kann infolgedessen jedenfalls kein weiteres Mitglied in den AR. eintreten.[14]) Die Frage, ob wenigstens die Wahl schon vor der Eintragung der Satzungsänderung in das Handelsregister geschehen kann und ob die Wahl neuer Mitglieder gleichzeitig mit dem Beschluß über die Vermehrung der AR.-Stellen erfolgen könne, wird in der Praxis bejaht.[15])

c) **Rechtsnatur der Wahl und ihrer Annahme.** Die Wahl zum AR.-Mitglied ist kein Rechtsgeschäft,[16]) sondern eine bloß gesellschaftliche Funktion. Das bedeutet praktisch: die bloße Wahl gibt dem Gewählten noch nicht das Amt. Sie berechtigt und verpflichtet weder ihn noch die Gesellschaft, erklärt demnach der Gewählte die Annahme, so kann die Generalversammlung immer noch erklären, daß sie die Wahl in einer neuen Versammlung rückgängig machen werde.

Zur Wahl durch die Generalversammlung muß noch eine Bestellung hinzutreten, die ebenfalls die Generalversammlung auszusprechen hat. Diese Bestellung überträgt dem Gewählten erst das Amt, aber auch nur unter der Voraussetzung seiner Annahme. Die Unterscheidung zwischen Wahl und Bestellung hat jedoch, abgesehen von dem erörterten Fall, nur theoretische Bedeutung. In der Praxis pflegt die Bestellung einfach darin zu liegen, daß die Generalversammlung stillschweigend zu erkennen gibt, daß sie es bei der getroffenen Wahl belassen wolle. Ebenso ist die Wahlannahme seitens des Gewählten meist auch als Annahme der Bestellung aufzufassen.

Es ist streitig, ob durch den Gesellschaftsvertrag eine Pflicht der Aktionäre zur Annahme von AR.-Aemtern begründet werden kann.[17]) Das Reichsgericht hat allerdings schon für die Zeit vor 1900 die Gültigkeit einer dahingehenden Bestimmung des Gesellschaftsvertrages bejaht (RG. Bd. 21 S. 148). Dem ist aber gegenüberzuhalten, daß das Gesetz die Aktionärpflichten erschöpfend bestimmen will. Es folgt das gerade aus dem Umstande, daß man sich bei Neufassung des HGB. genötigt sah, die Bestimmung des heutigen § 212 aufzunehmen, wodurch es seit 1900 möglich wurde, den Aktionären „vinkulierter" Namensaktien außer ihrer Einlage auch andere nicht in Geld bestehende, „wiederkehrende" Leistungen aufzuerlegen. Die Annahme einer AR.-Stelle ist aber jedenfalls keine „wiederkehrende" Leistung, folglich kann der Gesellschaftsvertrag für die Aktionäre eine Verpflichtung hierzu nicht begründen.[18])

d) Wahlberechtigt bei der Wahl des AR. ist jeder Aktionär. Die Frage, ob ein Aktionär sich auch selbst seine Stimme geben kann, ist zu bejahen (Näheres s. unten S. 71).

e) **Wahlabkommen.** Der Wahl von AR.-Mitgliedern gehen häufig Abkommen der beteiligten Personen voraus. Dieselben kommen in den mannigfaltigsten Formen vor. Hier sei namentlich folgendes hervorgehoben:

Eine Vereinbarung, durch welche sich jemand verpflichtet, für den Fall seiner Wahl zum Mitglied des AR. das Amt nicht anzunehmen oder dasselbe nach bestimmter Zeit niederzulegen, ist nichtig, denn eine solche Vereinbarung enthält eine gegen die guten Sitten verstoßende Bevorzugung der Interessen einzelner Gesellschafter. Allerdings handelte es sich bei einem vom Reichsgericht so entschiedenen Fall (RG. Bd. 57 S. 205) um eine G. m. b. H., für die Aktiengesellschaft hat jedoch in dieser Beziehung genau das gleiche zu gelten. Nimmt also jemand entgegen seinem vorher einer bestimmten Aktionärgruppe gegenüber gegebenen Versprechen eine Wahl in den AR. dennoch an, so wird er wirklich rechtsgültig Mitglied des AR. und derjenige, der entgegen seinem Versprechen sein Amt als AR.-Mitglied nicht niederlegt, bleibt Mitglied.

Dagegen ist eine Vereinbarung, durch welche sich Aktionäre verpflichten, eine bestimmte Person in den AR. zu wählen, vollkommen gültig, soweit sie sich nicht als Stimmenkauf darstellt (§ 317 HGB.), soweit also die Aktionäre sich nicht etwa „besondere Vorteile," worunter nicht die sich aus der Wahl selbst ergebenden Vorteile zu verstehen sind, als Entgelt für die Abstimmung gewähren lassen. Insbesondere ist es zulässig, sich gegenüber der eigenen Bindung, in einem gewissen Sinne zu stimmen, das Versprechen geben zu lassen, daß auch der Andere dafür seine Stimme einer bestimmten Person gebe, so daß also jede Partei die Wahl ihres Kandidaten sichert.[19]) Im praktischen Leben sind Wahlabkommen der letzteren Art zwischen den Vertretern verschiedener Interessen häufig und durchaus gebräuchlich; sie bilden oft das Ergebnis langer Verhandlungen. Die Abstimmungen in den Generalversammlungen pflegen nicht Zufallsergebnisse, sondern die wohl abgewogene Folge eines Interessenausgleiches zwischen verschiedenen Aktionärgruppen auf Grund vorhergegangener Abreden zu sein. Werden aber solche Abkommen über die Wahl bestimmter Personen zu AR.-Mitgliedern nicht eingehalten, so wird dadurch die Wahl der entgegen dem Abkommen gewählten Personen in ihrer Gültigkeit nicht berührt.

f) **Folgen ungültiger Wahl bzw. der Wahl eines Unfähigen.** Wenn jemand in den AR. gewählt wird, der nach dem oben Ausgeführten zur Bekleidung des Amtes unfähig ist, so wird er trotz erfolgter Wahl nicht Mitglied. Eine Ausnahme ist nur dann anzunehmen, wenn die Unfähigkeit auf dem Gesellschaftsvertrag[20]) beruht, es bedarf dann einer besonderen Anfechtung der Wahl im Wege der Anfechtungsklage gemäß § 271 HGB., um ihre Ungültigkeit zur Wirkung zu bringen. Dasselbe gilt, wenn die Wahlhandlung selbst aus irgend einem Grunde ungültig ist.

Mit dem Zeitpunkt des auf die Anfechtungsklage ergehenden Urteils oder genauer gesagt mit dem Zeitpunkt, in welchem dies Urteil rechtskräftig wird, treten die Folgen der Ungültigkeit der Wahl ein. Bis zu diesem Zeitpunkte kann also der Gewählte sein Amt verwalten, hat er Sitz und Stimme im AR.

§ 3. Die Amtszeit der Aufsichtsratsmitglieder.

a) **Beginn der Amtszeit:** Die Amtszeit der einzelnen AR.-Mitglieder beginnt mit ihrer Bestellung bzw. der Annahme derselben. Das gilt auch für den ersten AR. der Gesellschaft. Wenn das Gesetz vorschreibt (§§ 199, 201), daß dieser vom Registergericht zusammen mit der Eintragung der Gesellschaft veröffentlicht werde, so soll damit keine Vorschrift über den Beginn seiner Amtszeit gegeben sein. Auch die Eintragung an sich, also die Entstehung der Aktiengesellschaft, ist keine Voraussetzung für den Beginn des Amtes, vielmehr haben die AR.-Mitglieder schon vorher während der Gründung der Aktiengesellschaft wichtige Funktionen zu erfüllen, wie noch weiter auszuführen sein wird.

b) **Beendigung der Amtszeit.**

I. Durch Fristablauf: Regelmäßig endigt das Amt des AR. durch Fristablauf. Für den ersten AR., zu dem auch die infolge etwaiger Ersatz- oder Zuwahlen hinzugetretenen Mitglieder zählen,[21]) bestimmt das Gesetz in § 243 Abs. 2, daß die Wahl für die Zeit bis zur Beendigung der ersten Generalversammlung gelten solle, welche nach dem Ablauf eines Jahres seit Eintragung der Gesellschaft in das Handelsregister zur Beschlußfassung über die Jahresbilanz abgehalten wird. Bei der Bemessung dieser Frist berücksichtigt das Gesetz, daß die Gesellschaft zunächst erfahrungsgemäß unter dem Einfluß der Gründer steht. Deshalb soll der erste AR. nicht zu lange im Amte sein, andererseits soll die Wahlperiode auch nicht zu kurz sein, damit nicht auch noch die zweite

Wahl allzusehr unter dem Einfluß der Gründer steht. Daraus folgt, daß die Amtszeit des ersten AR. durch den Gesellschaftsvertrag weder verkürzt noch verlängert werden kann. [22])

Für die Wahl des späteren AR. bestimmt das Gesetz, daß sie nicht für längere Zeit als für rund 5 Geschäftsjahre oder genauer bis zur Beendigung derjenigen Generalversammlung geschehen könne, welche über die Bilanz für das 4. Geschäftsjahr nach der Ernennung ausschließlich des Geschäftsjahres, in dem die Ernennung erfolgt, beschließt. Man hat hier also anders wie bei dem ersten AR. lediglich eine Längstdauer festgesetzt, unter die der Gesellschaftsvertrag hinuntergehen kann. Wird hiervon Gebrauch gemacht, so ist nicht erforderlich, daß die Amtsdauer bis zur Generalversammlung erstreckt wird, es kann dann auch das Ende des Geschäftsjahres als Endpunkt bestimmt werden, obschon das unpraktisch sein dürfte. Erfolgt die kürzere Bemessung aber einfach auf eine bestimmte Zahl von Jahren, so wird man das im Sinne des § 243 Abs. 3 dahin auszulegen haben, daß der AR. bis zur nächsten, nach Ablauf dieses Jahres stattfindenden Generalversammlung im Amt bleiben soll. [23])

Die Bestimmung des § 243 Abs. 3 gilt für jedes einzelne Mitglied. Auch hieraus folgt, daß nicht alle Mitglieder des AR. auf einmal gewählt werden müssen, daß vielmehr ein turnusmäßiges Ausscheiden möglich ist.

II. Beendigung des Amtes vor Ablauf der Frist: Eine Beendigung des Amtes der AR.-Mitglieder vor Ablauf der durch Gesetz oder Gesellschaftsvertrag bestimmten Frist ist möglich infolge gegenseitiger Vereinbarung zwischen der Gesellschaft und dem betreffenden Mitglied. Denn wie das Amt durch eine nach ordnungsmäßiger Wahl geschehene Bestellung seitens der Generalversammlung, verbunden mit der Annahme durch den Gewählten, also doch durch Vereinbarung, begründet wird, so kann es zweifellos auch durch Vereinbarung zwischen der Gesellschaft (Generalversammlung) einerseits und dem betreffenden Mitglied andererseits beendet werden. Zu prüfen ist aber, ob das Amt auch einseitig einerseits von der Gesellschaft entzogen und andererseits von dem Mitglied des AR. niedergelegt werden kann.

Widerruf der Bestellung: Einen einseitigen Widerruf der Bestellung seitens der Gesellschaft gestattet das Gesetz ausdrücklich in § 243 Abs. 4. Dieser Widerruf geschieht ebenso wie die Wahl durch Beschluß der Generalversammlung, für den die allgemeinen, für die Beschlußfassung der Generalversammlung geltenden Bestimmungen anzuwenden sind. Insbesondere muß also der beabsichtigte Widerruf auf die Tagesordnung der Generalversammlung gesetzt und gehörig bekannt gemacht werden.

Ebenso wie die Wahl des AR. keinem anderen Organ übertragen werden kann (s. S. 6), kann das aus dem gleichen Grund auch nicht bezüglich des Widerrufs der Bestellung geschehen. Dem Vorstand kann also weder im Gesellschaftsvertrag noch durch Generalversammlungsbeschluß das Recht der Abberufung und ebenso dem AR. selbst nicht das Recht der Ausstoßung von Mitgliedern gegeben werden. Jedes einzelne Mitglied ist durch das Vertrauen der Generalversammlung berufen und kann auch nur durch die Generalversammlung abberufen werden. Der Generalversammlungsbeschluß, durch welchen der Widerruf erfolgt, bedarf einer Mehrheit von $^3/_4$ des bei der Beschlußfassung vertretenen, d. h. bei der Abstimmung auch wirklich beteiligten, nicht etwa Stimmenthaltung übenden [24]) Grundkapitals.

Bei der Beschlußfassung über den Widerruf der Bestellung ist auch das abzuberufende Mitglied stimmberechtigt, falls es Aktionär ist (Näheres s. unten S. 71).

Der Gesellschaftsvertrag kann für den Widerrufsbeschluß eine andere Mehrheit als die gesetzlich vorgeschriebene $^3/_4$-Mehrheit bestimmen, ja er kann auch bestimmen, daß der Widerrufsbeschluß einstimmig gefaßt werden müsse, um gültig zu sein. Andere Einschränkungen oder Erschwerungen des Widerrufes sind aber nicht zulässig, insbesondere ist eine Bestimmung des Gesellschaftsvertrags, die etwa anordnet, daß der Widerruf nur bei Vorliegen eines wichtigen Grundes zulässig sei, ungültig.

Die Generalversammlung kann also ohne jede Begründung den Aufsichtsrat bzw. dessen einzelne Mitglieder jederzeit abberufen, ob das allerdings nach dem der Bestellung zugrunde liegenden Rechtsverhältnis erlaubt ist oder ob die Gesellschaft infolge des Widerrufs dem betreffenden Mitglied schadensersatzpflichtig wird bzw. ob sie ihm trotz derselben noch weiterhin die vereinbarte Tantieme bezahlen muß, ist eine Frage, die nicht hierhin gehört.

Niederlegung des Amtes. Während das Gesetz der Gesellschaft ausdrücklich das Recht gibt, die Bestellung zum AR.-Mitglied zu widerrufen, gibt es dem Mitglied nicht auch umgekehrt ausdrücklich das Recht zur Niederlegung des Amtes. Die herrschende Ansicht nimmt deshalb an, daß eine solche Niederlegung nur dann möglich sei, wenn das der Erteilung des Amtes zugrunde liegende Rechtsverhältnis, also das Verhältnis, kraft dessen die Gesellschaft Ausübung des Amtes und der mit dem Amte Belehnte Zahlung der etwa vereinbarten Tantieme verlangen kann, von seiten des Mitgliedes einseitig aufgekündigt werden könne. Wie das regelmäßig (wenn nämlich das Verhältnis sich als „Dienstvertrag" darstellt, also das Mitglied für seine Tätigkeit ein Entgelt erhält — vgl. unten S. 78) nur bei Vorliegen eines wichtigen Grundes, und nur ausnahmsweise (wenn nämlich mangels eines Entgeltes ein bloßer „Auftrag" gegeben ist) jederzeit möglich sei, so könne auch das Amt selbst regelmäßig nur bei Vorliegen eines wichtigen Grundes und nur ausnahmsweise jederzeit ohne weiteres niedergelegt werden. Dem ist entgegenzuhalten, daß zwar praktisch das Mitglied, welches die Niederlegung des Amtes erklärt, wohl immer auch von dem zugrunde liegenden Rechtsverhältnis loskommen möchte. Ist das letztere aber nicht möglich, so folgt daraus noch nicht, daß auch das erstere unmöglich ist. Begrifflich hat die Niederlegung des Amtes mit der Aufkündigung des zugrunde liegenden Rechtsverhältnisses nichts zu tun. Kann das letztere begrifflich trotz dem ersteren weiter bestehen, dann bleibt das Mitglied verpflichtet, seine Funktionen weiter auszuüben und eine nochmalige, infolge seiner Amtsniederlegung erforderlich gewordene Wahl und Bestellung anzunehmen. Solange eine solche Neubestellung aber nicht tatsächlich geschehen ist oder von dem Mitglied nicht angenommen wird, dauert die Wirkung der Amtsniederlegung an.[25]) Ein Mitglied des AR. kann also, kurz gesagt, sein Amt stets mit sofortiger Wirkung niederlegen, ob es das darf, ist eine andere Frage. Da dies aber in der Praxis sehr streitig ist, empfiehlt es sich, im Gesellschaftsvertrag Klarheit zu schaffen durch Aufnahme einer ausdrücklichen Bestimmung dahin, daß die Amtsniederlegung jederzeit und auch ohne wichtigen Grund zulässig sei. Eine solche Bestimmung ist gültig.[26])

Die Niederlegung des Amtes geschieht durch Erklärung gegenüber dem Vorstand als dem berufenen Vertreter der Aktiengesellschaft, indessen läßt die Praxis auch eine Erklärung gegenüber dem Vorsitzenden des AR. zu. Auch das wird man als genügend annehmen müssen.[27])

Die Amtsniederlegung ist eine sog. „einseitige empfangsbedürftige Willenserklärung". Ist sie dem Vorstand bzw. dem Vorsitzenden des AR. einmal zugegangen, so kann sie auch mit Genehmigung der Gesellschaft nicht mehr zurückgezogen werden, das betreffende frühere Mitglied des AR. kann nur durch Neuwahl seitens der Generalversammlung wieder in den AR. eintreten (KGJ. 29 A 100).

Zweites Kapitel.

Der Geschäftskreis des Aufsichtsrats.

§ 1. Der Aufsichtsrat als Aufsichtsorgan.

A. Die Aufsicht über die Geschäftsführung der Gesellschaft.

1. **Der Umfang der Aufsichtspflicht im allgemeinen und die Haftung für ihre Verletzung** bestimmt sich aus den §§ 246 und 249 HGB. § 246 sagt in Abs. 1:

„Der AR. hat die Geschäftsführung der Gesellschaft „in allen Zweigen der Verwaltung zu überwachen und „sich zu dem Zwecke von dem Gang der Angelegen„heiten der Gesellschaft zu unterrichten. Er kann jeder„zeit über diese Angelegenheiten von dem Vorstand „Berichterstattung verlangen und selbst oder durch „einzelne von ihm zu bestimmende Mitglieder die „Bücher und Schriften der Gesellschaft einsehen sowie „den Bestand der Gesellschaftskasse und die Bestände „an Wertpapieren und Waren untersuchen. Er hat „auch die Jahresrechnungen und die Bilanzen und „die Vorschläge zur Gewinnverteilung zu prüfen und „darüber der Generalversammlung Bericht zu erstatten."

In § 249 Abs. 1 sagt das Gesetz ferner:

„Die Mitglieder des AR. haben bei der Erfüllung „ihrer Obliegenheiten die Sorgfalt eines ordentlichen „Geschäftsmannes anzuwenden."

Aus den angeführten Gesetzesbestimmungen folgt nicht etwa, daß die Mitglieder des AR. der Gesellschaft ihre gesamte Tätigkeit zu widmen haben, gerade aus § 249 folgt vielmehr, daß die Erfüllung ihrer Pflichten nur innerhalb der Grenzen des Möglichen und bei pflichtgemäßem Ermessen Üblichen verlangt werden kann. Fassen sie ihre Aufsichtspflicht in dieser Weise auf, beobachten sie also die Sorgfalt, die ein ordentlicher Mann, der geschäftliche Unternehmungen der betreffenden Art für eigene Rechnung leitet, anzuwenden pflegt, so handeln sie wie ein „ordentlicher Geschäftsmann". Man kann daher nicht verlangen, daß der AR. über sämtliche einzelnen Geschäftsvorgänge genau unterrichtet ist und daß er alle einzelnen Zweige der Verwaltung bis ins kleinste hinein kennt. Es würde das bei großen Betrieben — man denke an Großbanken und großindustrielle Unternehmungen — auch gar nicht möglich sein. Wollte man es doch verlangen, so würde man wohl keinen ernsten Mann finden, der das Amt annähme. Man würde also gerade durch diese Überspannung der AR.-Pflichten die Gesellschaft empfindlich schädigen. Es soll aber nicht verschwiegen werden, daß bei großen Bankrotten und sonstigen Anlässen in der Tagespresse wie in Prozessen mit mehr oder weniger großer Leidenschaftlichkeit oft viel weitergehende Ansprüche erhoben werden. So hat der Reichsanzeiger in seiner Nummer vom 4. X. 1910 gelegentlich des Zusammenbruches der Niederdeutschen Bank in Dortmund ausgeführt, die dem AR. obliegende Bilanzprüfung müsse sich auf alle Einzelheiten des abgelaufenen Geschäftsjahres erstrecken, Stichproben seien unzulässig. Mit Recht weist Staub darauf hin, daß auch das Reichsgericht solch weit gespannten, unmöglich zu erfüllenden Anspruch nicht erhebt, daß es nach ihm vielmehr genügt, wenn der AR. alle diejenigen Umstände und Dinge beachtet, auf die ein ordentlicher Geschäftsmann in gleicher Lage Gewicht zu legen pflegt, daß er also in der Regel nicht haftet, wenn er die wahrscheinlichen Folgen einer geschäftlichen Maßnahme, die sich mit Sicherheit überhaupt nicht voraussehen lassen, falsch beurteilt hat.[28]) Es läßt sich keine allgemeine Regel dafür aufstellen, wann nun die Mitglieder des AR. im einzelnen ihre Pflicht erfüllt haben, es wird vielmehr von Fall zu Fall unter Zugrundelegung des soeben erörterten Grundsatzes nach den Verhältnissen der jeweils in Betracht kommenden Gesellschaft, ihren Zwecken, ihrem Betätigungsfelde usw. zu prüfen sein, ob der AR. seiner Überwachungspflicht genügt hat oder nicht.[29]) Hier eine allgemeine Regel aufstellen wollen, würde gegenüber der Mannigfaltigkeit des Lebens ein unmögliches Unterfangen sein. Jedoch erwähnt das Gesetz (§ 249 Abs. 2 HGB.) insbesondere, daß der AR. darauf zu achten habe, daß nicht etwa die in § 241 Abs. 3 aufgezählten Handlungen vorgenommen werden, daß also z. B. nicht Einlagen an die Aktionäre zurückbezahlt oder an sie Zinsen oder Gewinnanteile gezahlt werden, daß ferner die Gesellschaft nicht etwa eigene Aktien oder Interimsscheine zum Pfand nimmt oder einzieht, Aktien vor ihrer Vollzahlung ausgibt usw. usw.

Will der AR. sich von dem Gang der Angelegenheiten der Gesellschaft noch näher unterrichten, als ihm das nach dem Gesagten zugemutet werden kann, so darf er sich dabei sachverständiger Hilfe bedienen, denn er handelt dann im eigensten Interesse der Gesellschaft und ohne die ihm obliegende Aufsichtspflicht abzuwälzen. Die Gesellschaft ist daher nicht nur den Sachverständigen (s. unten S. 59), sondern auch dem AR. gegenüber zur Tragung des Honorars usw. für solche Hilfstätigkeit verpflichtet.[30]) Die Aufsichtspflicht und die Aufsichtsbefugnisse können durch den Gesellschaftsvertrag nicht beschränkt, wohl aber erweitert werden.

2. Mit voller Absicht hat das Gesetz dem AR. als solchen die Aufsichtsbefugnis eingeräumt, und den einzelnen Mitgliedern nur insoweit ein Recht auf Einsicht der Bücher und Schriften und eine Prüfung der Bestände eingeräumt, als sie vom AR. als solchem beauftragt werden (§ 248 Abs. 1 S. 2),[31]) weil nämlich die Gefahr bestehe, daß durch ein beständiges Eingreifen der einzelnen Mitglieder eine tatkräftige Geschäfts-

leitung des Vorstandes gelähmt werde und weil zu besorgen sei, daß einzelne Mitglieder die Kenntnis der inneren Verhältnisse der Gesellschaft, ihre Bezugsquellen und Geschäftsverbindungen im eigenen Interesse ausbeuten könnten.[32]) Ein solches Mißtrauen erscheint zwar nicht gerechtfertigt, jedenfalls aber ist der Wille des Gesetzgebers, nur dem AR. als solchem die Aufsichtsbefugnis zuzuerkennen, im Wortlaut des Gesetzes klar zum Ausdruck gekommen. Allerdings kann der Gesellschaftsvertrag abweichend vom Gesetz auch einzelnen Mitgliedern des AR. selbständige Aufsichtsbefugnisse geben. So kommt es in der Praxis häufig vor, daß dem Vorsitzenden bestimmte einzelne Kontrollbefugnisse gegeben werden.

3. **Die Aufsicht über die Geschäftsführung im einzelnen.**

Das alte HGB. sagte in Art. 225, der Aufsichtsrat habe „den Vorstand zu überwachen". Die Neufassung des HGB. hat einen weiteren Wortlaut, der AR. hat nunmehr die gesamte Geschäftsführung, mag sie in den Händen des Vorstandes oder anderer Beamten liegen, zu überwachen. Findet er aber Unstimmigkeiten in der Geschäftsführung, so hat er sich immer nur an den Vorstand zu halten. Der Vorstand ist für die gesamte Geschäftsführung, mag er sie selbst oder durch andere ausüben, verantwortlich. Der AR. steht zu den Angestellten in keiner direkten Beziehung.

Jedoch hat der AR. auch dem Vorstand gegenüber an sich keine direkte Zwangsbefugnis.[33]) wenn ihm diese auch der Gesellschaftsvertrag geben kann, was in der Praxis meist geschieht. Gewöhnlich gibt der Gesellschaftsvertrag und ebenso auch der Anstellungsvertrag des Vorstandes genau an, welche einzelnen Befugnisse der AR., gegenüber dem Vorstand hat, inwieweit der Vorstand den AR vor Abschluß von Geschäften um Genehmigung bitten muß usw. Soweit das aber nicht geschieht, ist der AR. wenn er die Geschäftsführung bemängeln muß, darauf angewiesen, die von ihm gefundenen Mißstände der Generalversammlung, zu deren Berufung ihm § 246 Abs. 2 ausdrücklich das Recht gibt, oder u. U. dem Registerrichter zwecks Verhängung von Ordnungsstrafen mitzuteilen. Nur soweit der AR. sich selbst der Gesellschaft oder Dritten gegenüber verantwortlich machen würde, wenn er den Vorstand gewähren ließe, kann er auch selbst ohne Befragung der Generalversammlung, ja selbst gegen ihren Willen gegen den Vorstand vorgehen und ihn nötigenfalls sogar verklagen (§ 247 Abs. 2). Die Klage ist vom AR. im Namen der Gesellschaft, nicht im eigenen Namen zu erheben, der AR. ist hier lediglich Vertreter der Gesellschaft.[34])

Zur Übersicht über den Gang der Angelegenheiten kann der AR. insbesondere vom Vorstand Berichterstattung verlangen, und zwar ist dieser „jederzeit" dazu verpflichtet. Im gewöhnlichen Verlauf der Dinge kann ihm allerdings nicht zugemutet werden, daß er außerhalb der Geschäftsstunden, zur Nachtzeit oder an Sonntagen berichtet. Wohl kann das in Ausnahmefällen verlangt werden, wenn nämlich die Gefahr besteht, daß sonst wichtige Geschäftsinteressen gefährdet werden.[35])

Um dem AR. seine Pflicht möglichst zu erleichtern, gibt ihm das Gesetz ferner ausdrücklich das Recht, selbst oder durch einzelne von ihm zu bestimmende Mitglieder die Bücher und Schriften der Gesellschaft einzusehen, sowie den Kassenbestand und die Bestände an Wertpapieren und Waren zu untersuchen. Bei der Prüfung der Inventur wird sich der AR. in der Regel mit Stichproben begnügen können. Zu einer eingehenden Untersuchung und Nachprüfung ist er nur verpflichtet, wenn und soweit der Verdacht unrichtiger Inventarisierung besteht.[36]) Es ergibt sich das, abgesehen von dem oben im allgemeinen über die Aufsichtspflicht Gesagten auch aus der Fassung des Gesetzes, die lediglich besagt, daß der AR. die Bestände untersuchen kann. Dies Recht wird nur insoweit zur Pflicht, als es dem üblichen Tätigkeitskreise eines ordentlichen Geschäftsmannes entspricht. Der AR. hat ferner unter allen Umständen die Jahresrechnungen, Bilanzen und die Vorschläge zur Gewinnverteilung, sowie den Geschäftsbericht des Vorstandes (§ 260 Abs. 2) zu prüfen und über das Ergebnis seiner Prüfung der Generalversammlung zu berichten. Bezüglich des Umfanges dieser Prüfung gilt dasselbe, was wir schon soeben für die Prüfung der Waren und Wertpapierbestände feststellten. Es kann also auch hier nicht verlangt werden, daß jeder einzelne Ansatz der Bilanz sowie der Gewinn und Verlustrechnung nachgeprüft wird, es entscheidet vielmehr immer nur der Gesichtspunkt, ob und wieweit eine Prüfung im Rahmen der Pflichten eines ordentlichen Geschäftsmannes erforderlich ist. Was die Prüfung des Geschäftsberichts des Vorstandes angeht, so muß der AR. bei seinen, der Generalversammlung hierüber vorzulegenden Bemerkungen stets beachten, daß über dem Interesse der Aktionäre an der Vollständigkeit eines Geschäftsberichts das Interesse der Gesellschaft selber steht. Der Geschäftsbericht und die Bemerkungen des Aufsichtsrats dazu dürfen also keine Mitteilungen über Geschäfts- und Fabrikationsgeheimnisse enthalten, die geeignet sind, durch ihr Bekanntwerden der Gesellschaft zu schaden.[87])

4. **Überwachung der Ausführung der Generalversammlungsbeschlüsse.** Die Ausführung der Beschlüsse der Generalversammlung ist nicht Sache des AR., sondern des Vorstandes als des eigentlichen Tätigkeitsorgans der Gesellschaft, jedoch hat der AR. die Ausführung der Generalversammlungsbeschlüsse zu überwachen. Ist er der Ansicht, daß infolge veränderter Umstände die Ausführung nicht mehr dem Interesse der Gesellschaft entspricht, so ist es sein Recht und seine Pflicht, sie einstweilen zu verhindern,[88]) also den Vorstand auf die Unmöglichkeit der Ausführung des betreffenden Beschlusses aufmerksam zu machen und zugleich von neuem die Generalversammlung zu befragen.

5. **Anfechtung von Generalversammlungsbeschlüssen.** Die Beschlüsse der Generalversammlung sind, auch wenn sie Gesetz oder Gesellschaftsvertrag verletzen, nicht ohne weiteres nichtig, sondern müssen gemäß § 271 HGB. binnen einem Monat im Wege der Klage angefochten werden. Zur Klage berechtigt ist jeder Aktionär, ferner der Vorstand als solcher und endlich jedes einzelne

Mitglied des Vorstandes und des AR. (§ 271 Abs. 4 HGB.). Das Klagerecht der Mitglieder von Vorstand und AR. ist jedoch an die Voraussetzung gebunden, daß sich die Betreffenden durch die Ausführung des Generalversammlungsbeschlusses strafbar oder den Gläubigern der Gesellschaft gegenüber haftbar machen würden. Nicht vorausgesetzt wird, daß das AR.-Mitglied auch in der Generalversammlung erschienen ist und gegen den anzufechtenden Beschluß Widerspruch erhoben hat, wie das bei der Klage des Aktionärs der Fall ist, ebenso ist nicht erforderlich, daß es überhaupt Aktionär ist, insbesondere kann also ein Mitglied des AR. einen Generalversammlungsbeschluß, der Abschreibungen oder Rücklagen über das nach dem Gesetz oder Gesellschaftsvertrag statthafte Maß hinaus anordnet, auch dann anfechten, wenn er weniger als den zwanzigsten Teil des Grundkapitals an Aktien besitzt, während das bei den Aktionären ausdrücklich vorgeschrieben ist. Ja, wenn das AR.-Mitglied gleichzeitig auch Aktionär ist, so kann es selbst dann noch die Anfechtungsklage erheben, wenn es als Aktionär für den angefochtenen Beschluß gestimmt hat.[39]) Die Anfechtungsklage steht eben den AR.-Mitgliedern ganz unabhängig von ihrer etwaigen Stellung als Aktionär lediglich zur Milderung ihrer Verantwortung und als Ausfluß ihres allgemeinen Aufsichtsrechtes zu.

In der Praxis ist es streitig geworden, ob ein AR.-Mitglied auch dann zur Anfechtungsklage legitimiert sei, wenn es durch den anzufechtenden Beschluß sein Amt verloren habe.[40]) Man wird sich wohl für die Zulässigkeit der Anfechtung entscheiden müssen, denn da die Haftung des AR.-Mitgliedes durch sein Ausscheiden nicht wegfällt, so muß man ihm auch die Möglichkeit lassen, sie durch Erhebung einer Anfechtungsklage zu mildern. Kommt aber eine solche Haftung oder eine Strafbarkeit des Abberufenen nicht in Frage, so ist die Klagebefugnis nicht gegeben, insbesondere kann also ein AR.-Mitglied nicht seine eigene Abberufung anfechten. Wird die von einem Aufsichtsratsmitglied erhobene Anfechtungsklage in allen Instanzen abgewiesen, so kann der Vorstand den betreffenden Beschluß ausführen und der Aufsichtsrat das ruhig geschehen lassen, ohne eine Haftung nicht nur gegenüber der Gesellschaft, sondern auch gegenüber den Gläubigern fürchten zu müssen.[41])

6. **Aufsichtsrat und Nichtigkeitsklage.** Stellt sich nach Eintragung in das Handelsregister heraus, daß der Gesellschaftsvertrag nicht die gesetzlich vorgeschriebenen wesentlichen Bestimmungen enthält oder daß eine dieser Bestimmungen nichtig ist, so kann nicht nur jeder Aktionär und jedes Mitglied des Vorstandes, sondern auch jedes einzelne Mitglied des AR. im Wege der Klage beantragen, daß die Gesellschaft für nichtig erklärt werde.

7. **Haftung bei Verletzung der Aufsichtspflicht.** Nachdem § 249 in Abs. 1 bestimmt hat, daß die AR.-Mitglieder die Sorgfalt eines ordentlichen Geschäftsmannes anzuwenden haben (s. S. 17 ff.), heißt es weiter:

„Mitglieder, die ihre Obliegenheiten verletzen, haften „der Gesellschaft mit den Vorstandsmitgliedern als Ge„samtschuldner für den daraus entstehenden Schaden.

„Insbesondere sind sie zum Ersatz verpflichtet, wenn „mit ihrem Wissen und ohne ihr Einschreiten die im „§ 241 Abs. 3 bezeichneten Handlungen vorgenommen „werden. Auf die Geltendmachung des Ersatzanspruches „finden die Vorschriften des § 241 Abs. 4 Anwendung.

„Die Ansprüche auf Grund der Vorschriften der „Absätze 1—3 verjähren in 5 Jahren."

§ 241 bestimmt:

„Die Mitglieder des Vorstandes haben bei ihrer „Geschäftsführung die Sorgfalt eines ordentlichen Ge„schäftsmannes anzuwenden.

„Mitglieder, die ihre Obliegenheiten verletzen, haften „der Gesellschaft als Gesamtschuldner für den daraus „entstehenden Schaden.

„Insbesondere sind sie zum Ersatz verpflichtet, wenn „entgegen den Vorschriften dieses Gesetzbuches:

„1. Einlagen an die Aktionäre zurückgezahlt,

„2. den Aktionären Zinsen oder Gewinnanteile ge„zahlt,

„3. eigene Aktien oder Interimsscheine der Gesell-„schaft erworben, zum Pfand genommen oder ein-„gezogen,

„4. Aktien vor der vollen Leistung des Nennbetrages „oder falls der Ausgabepreis höher ist, vor der vollen „Leistung dieses Betrages ausgegeben werden,

„5. die Verteilung des Gesellschaftsvermögens oder „eine teilweise Zurückzahlung des Grundkapitals erfolgt,

„6. Zahlungen geleistet werden, nachdem die Zahlungs-„unfähigkeit der Gesellschaft eingetreten ist oder ihre „Überschuldung sich ergeben hat.

„In den Fällen des Abs. 3 kann der Ersatzanspruch „auch von den Gläubigern der Gesellschaft soweit sie „von dieser ihre Befriedigung nicht erlangen können, „geltend gemacht werden. Die Ersatzpflicht wird ihnen „gegenüber weder durch einen Verzicht der Gesellschaft „noch dadurch aufgehoben, daß die Handlung auf einem „Beschluß der Generalversammlung beruht. Die An-„sprüche auf Grund dieser Vorschriften verjähren in „fünf Jahren."

Aus diesen Bestimmungen ergibt sich, daß die Haftung der Mitglieder des AR. derjenigen der Mitglieder des Vorstands angepaßt ist. Beide Bestimmungen befassen sich mit der allgemeinen Haftung der AR.- und Vorstandsmitglieder für Pflichtwidrigkeiten. Daneben hat das Handelsgesetzbuch jedoch noch in den §§ 204—208 besondere Vorschriften getroffen über die Haftung von Vorstand und AR. bei Verletzung der ihnen hinsichtlich des Gründungshergangs bzw. der sich daran anschließenden Vorgänge obliegenden Verpflichtungen (s. S. 37). Nach § 268 HGB. muß die Geltendmachung sowohl der auf die allgemeine wie der auf die besondere Haftung bezüglich der Gründung zurückgehenden Ansprüche schon dann seitens der Gesellschaft erfolgen, wenn dies in der Generalversammlung mit einfacher Stimmenmehrheit beschlossen oder von einer Minderheit, deren Anteile den zehnten Teil des Grundkapitals erreichen, verlangt wird. Zur Führung des Rechtsstreites kann die Generalversammlung besondere Vertreter wählen, verlangt die Minderheit Geltendmachung des Anspruches, so können die von ihr bezeichneten Personen durch das Registergericht als Vertreter der Gesellschaft für die Führung des Rechtsstreites bestellt werden.

Nach den allgemeinen Haftungsbestimmungen haften die Mitglieder des AR. als Gesamtschuldner mit den Vorstandsmitgliedern. Natürlich können aber nur diejenigen in Anspruch genommen werden, die den Schaden auch mitverschuldet haben, ist also der AR. allein tätig gewesen oder trifft ihn allein eine Schuld, so haftet er auch allein und ohne den Vorstand.[42])

Die Haftung aus § 249 besteht nicht gegenüber den Aktionären, sondern gegenüber der Gesellschaft selbst. Das Gesetz versteht unter „Gesellschaft" nicht etwa die Gesamtheit der Aktionäre, sondern die Aktiengesellschaft als solche.[43]) Unter Umständen, nämlich in den aufgeführten Fällen des § 241 Abs. 3, tritt aber gegenüber den Gläubigern der Gesellschaft eine Haftung ein, jedoch nur dann, wenn die Gläubiger von der Gesellschaft selbst keine Befriedigung erlangen können. Demnach sind die Gesellschaft und ihre Gläubiger möglicherweise nebeneinander den AR.-Mitgliedern gegenüber anspruchsberechtigt, sie sind dann Gesamtgläubiger gemäß den §§ 428 ff. BGB. Der Grund für dies Gesamtgläubigerverhältnis ist der, daß die Gesellschaftsgläubiger gegen etwa ihren Interessen widerstreitende Einflüsse in der Gesellschaft geschützt werden sollen. Wenn die Gesellschaft selbst ihren Anspruch gegen die AR.-Mitglieder nicht verfolgen will, so soll das ihren Gläubigern in bestimmten Fällen doch immer noch ermöglicht werden. Gerät die Gesellschaft in Konkurs, so fällt dieser Grund weg, denn der Konkursverwalter hat pflichtgemäß die Interessen sämtlicher Gläubiger zu vertreten. Daraus folgert das Reichsgericht mit Recht, daß beim Konkurs der Gesellschaft nur der Konkursverwalter und nicht der einzelne Gläubiger der Gesellschaft den Anspruch geltend machen kann. Wenn also der Verwalter nach pflichtgemäßem Ermessen die

Geltendmachung des Anspruches ablehnt, so sind die Gläubiger damit ausgeschlossen.[44])

Bei der Haftung gegenüber den Gläubigern der Gesellschaft genügt nicht jede Pflichtverletzung der AR.-Mitglieder, sie findet nur statt, wenn eine der in § 241 Abs. 3 aufgezählten Handlungen (s. oben S. 24) mit Wissen und ohne Einschreiten der AR.-Mitglieder geschehen ist. Ein bloßes Wissenmüssen genügt nicht. Das vom Gesetz verlangte Einschreiten muß in der Anwendung aller gegebenen Mittel geschehen. Die AR.-Mitglieder können also nicht etwa sich dadurch schützen, daß sie lediglich gegen einen Antrag stimmen, sie müssen notwendigen Falles die Generalversammlung berufen (§ 246 Abs. 2 HGB.), Anfechtungsklage (§ 271 HGB.) oder Klage gegen den Vorstand (§ 247 Abs. 2 HGB.) erheben. Nur dann, wenn sie alle ihnen zu Gebote stehenden Mittel vergeblich erschöpft haben, fällt ihre Haftung weg. Der Gesellschaft gegenüber tritt in den Fällen des § 246 Abs. 3 wie auch stets sonst die Haftung schon dann ein, wenn schlechtweg eine Verletzung der Sorgfalt eines ordentlichen Geschäftsmanns (s. oben S. 17) vorliegt.[45])

d) Ein Ausschluß der Haftung der AR.-Mitglieder gegenüber der Gesellschaft, nicht auch gegenüber den Gesellschaftsgläubigern, erfolgt, wenn die Generalversammlung durch Beschluß den in Betracht kommenden Vorgang gutheißt oder gar selbst die betreffenden Handlungen anordnet.[46])

Die Beweislast bezüglich der Haftung aus § 249 regelt sich in der Weise, daß dem in Anspruch genommenen AR.-Mitglied von dem Kläger nicht nur nachgewiesen werden muß, daß durch sein Verhalten ein Schaden entstanden ist, sondern daß der Kläger ferner noch dartun muß, daß durch das Verhalten des AR.-Mitgliedes die Sorgfalt eines ordentlichen Geschäftsmanns verletzt erscheint (s. auch oben S. 18). Dem gegenüber kann dann das beklagte AR.-Mitglied einen Entlastungsbeweis dahin führen, daß es nach Lage der Sache keine größere Sorgfalt habe aufwenden können.[47])

8. **Zusatz: Haftung der AR.-Mitglieder gegenüber Aktionären und Dritten aus selbständigen Schuldgründen.** Eine praktisch wichtige Frage ist die, ob eine gegen die Gesellschaft begangene Rechtsverletzung ihrer Organe zugleich eine Haftung gegenüber den Aktionären begründen kann. Es ist das an sich möglich, jedoch unter der Voraussetzung, daß die gegenüber der Gesellschaft begangene Rechtsverletzung zugleich auch einen widerrechtlichen Eingriff in die Rechte des Geschädigten und damit einen selbständigen Haftungsgrund enthält. Wenn also z. B. Vorstand und AR. allgemein durch schlechte Geschäfts- bzw. Aufsichtsführung die Gesellschaft schädigen, so hat der Aktionär, dessen Aktien infolgedessen im Kurse sinken, keinen Anspruch auf Schadensersatz, denn die Entwertung der Aktien ist nur die mittelbare Folge einer Rechtsverletzung, welche sich die bezeichneten Organe gegenüber der Gesellschaft haben zu Schulden kommen lassen.[48]) Wenn jedoch die Mitglieder des Vorstandes oder des AR. in ihren Darlegungen und Aussichten über den Vermögensstand der Gesellschaft oder in ihren in der Generalversammlung gehaltenen Vorträgen den Stand der Gesellschaft wissentlich unwahr darstellen oder verschleiern und sich somit gemäß § 314 Nr. 1 strafbar machen, so werden sie dadurch auch Dritten gegenüber schadensersatzpflichtig, die etwa auf Grund der unwahren oder verschleierten Angaben Aktien gekauft und daran Geld verloren haben oder die sonst infolgedessen zu Schaden gekommen sind, denn die erwähnte Bestimmung des § 314 Nr. 1 ist als ein „Schutzgesetz" im Sinne des § 823 Abs. 2 BGB. anzusehen. Ihre Übertretung macht also nicht nur strafbar, sondern auch Dritten gegenüber schadensersatzpflichtig.[49]) Abgesehen von dieser Haftung wegen Verletzung eines „Schutzgesetzes" kann sich die Haftung möglicherweise auch aus § 826 BGB. ergeben, wenn nämlich das betreffende AR.-Mitglied sich bewußt war, daß sein Verhalten nicht nur die Gesellschaft, sondern auch ihre Aktionäre oder sonstige Dritte schädigen werde und er trotzdem in einer

gegen die guten Sitten verstoßenden Weise diesen Schaden hat eintreten lassen.

Wegen bloßer Fahrlässigkeit ist eine Haftung der AR.-Mitglieder gegenüber Dritten in der Regel nicht gegeben. Das wäre wieder nur denkbar bei Verletzung eines „Schutzgesetzes" im Sinne des § 823 Abs. 2 BGB. Als solche Schutzgesetze können alle Bestimmungen straf- oder zivilrechtlicher Natur aufgefaßt werden, die entweder den Schutz bestimmter Einzelinteressen bezwecken oder aber zunächst den Schutz der allgemeinen öffentlichen Interessen, daneben aber auch den des Einzelnen verfolgen. Jedoch sind nach der Rechtsprechung des Reichsgerichts die Vorschriften des Handelsgesetzbuches über Bilanzen und ihre Veröffentlichung nicht als solche Schutzgesetze zu betrachten. Diese Vorschriften sollen vielmehr lediglich die Aktiengesellschaft selbst und höchstens noch ihre Gläubiger schützen. Die Vorschrift des § 249 über die Haftung des AR. gegenüber der Gesellschaft wäre überflüssig, wenn man annähme, daß sämtliche Bestimmungen über die Pflichten des AR. Schutzgesetze seien, so daß ihre Verletzung schon an sich gegenüber der Gesellschaft sowohl wie gegenüber Dritten zum Schadensersatz verpflichte. Ebenso hat der Käufer von Aktien, der durch nur fahrlässige Berichte des AR. oder Vorstandes zu dem Kauf veranlaßt ist, keinen Anspruch gegen die Organe der Gesellschaft.[40])

B. **Der Aufsichtsrat als Aufsichtsorgan in besonderen Fällen.**

Haben wir im Vorstehenden die Pflicht des AR. zur Überwachung der Geschäftsführung im allgemeinen kennen gelernt, so müssen wir uns jetzt einigen besonderen Fällen zuwenden, für welche das Gesetz diese Aufsichtspflicht wegen der Wichtigkeit der in Betracht kommenden Vorgänge für die Gesellschaft in Inhalt und Umfang festgelegt hat. Es handelt sich um die Stellung des AR. bei Gründung der Gesellschaft, Kapitalerhöhung, Aufnahme einer anderen Gesellschaft durch Fusion und endlich bei Liquidation. In diesen Fällen ist die Aufsichtspflicht des

AR. erhöht zu einer scharf umrissenen Prüfungspflicht, oder besser gesagt, der AR. muß bei der Überwachung der genannten Vorgänge noch mehr als bei der allgemeinen Überwachung der laufenden Geschäftsführung selbst tätig werden.

I. Der Aufsichtsrat bei Gründung der Aktiengesellschaft.

1. Prüfung des Gründungsherganges.

a) Umfang der Prüfung. Nach § 192 HGB. haben die Mitglieder des Vorstands und AR. den Hergang der Gründung zu prüfen. Das ist jedoch nicht so zu verstehen, als ob der Wert der Gründung in ihrer Gesamtheit beurteilt werden müsse, ein solches allgemeines Werturteil ist wohl zulässig und wird auch öfters abgegeben, notwendig ist es aber nicht. Die Prüfung hat sich vielmehr nur auf Tatsachen zu erstrecken, und zwar auf den gesamten Hergang der Gründung, d. h. „den Inbegriff aller derjenigen Tatsachen, welche in formeller und materieller Beziehung für die zur rechtlichen Entstehung gelangende Aktiengesellschaft von Bedeutung sind." [50])

Die Prüfung hat sich insbesondere auf die Richtigkeit und Vollständigkeit der Angaben der Gründer zu erstrecken.

Zunächst ist zu untersuchen, ob der Gesellschaftsvertrag entsprechend dem Gesetz festgestellt ist, ob also in formeller Beziehung die Vorschrift des § 182 Abs. 1 HGB. gewahrt ist, derzufolge der Inhalt des Gesellschaftsvertrages von mindestens 5 Personen, von welchen eine jede Aktien übernehmen muß, in gerichtlicher oder notarieller Verhandlung festgestellt worden ist und ob dabei der Betrag sowie bei Ausgabe verschiedener Gattungen von Aktien auch die Gattung der von jedem übernommenen Aktien angegeben ist. Ferner ist festzustellen, ob der Gesellschaftsvertrag inhaltlich den Vorschriften der §§ 182 Abs. 2 und 186 HGB. entspricht, ob also der Gesellschaftsvertrag Bestimmungen enthält über folgende Punkte:

1. Firma und Sitz der Gesellschaft.
2. Gegenstand des Unternehmens.
3. Höhe des Grundkapitals und der einzelnen Aktien.
4. Art der Bestellung und Zusammensetzung des Vorstandes.
5. Die Form der Berufung der Generalversammlung der Aktionäre.
6. Die Form für die von der Gesellschaft ausgehenden Bekanntmachungen.
7. Wenn einzelnen Aktionären besondere Vorteile bedungen sind: genaue Bezeichnung derselben.
8. Wenn auf das Grundkapital von Aktionären an Stelle barer Einzahlungen Sacheinlagen gemacht werden oder wenn vorhandene oder herzustellende Anlagen oder sonstige Vermögensgegenstände von der zu errichtenden Gesellschaft übernommen werden: der Gegenstand der Einlage oder Übernahme, die Personen, von welchen die Gesellschaft den Gegenstand erwirbt und der Betrag der für die Einlage zu gewährenden Aktien oder der für den übernommenen Gegenstand zu gewährenden Vergütung.
9. Wenn besondere Entschädigungen oder Belohnungen für die Gründung oder deren Vorbereitung an Aktionäre oder andere gewährt werden: der Gesamtaufwand, der dadurch entsteht.

Hält der AR. nach Prüfung von Form und Inhalt des Gesellschaftsvertrages Änderungen desselben für erforderlich, so kann er sie nicht selbst vornehmen, er muß sie vielmehr den Gründern anheimstellen, die ihm allerdings ihrerseits die Vornahme lediglich formeller Änderungen übertragen können, wie aus sinngemäßer Anwendung des § 274 HGB. zu schließen ist. Der AR. entscheidet dann durch Mehrheitsbeschluß, der zu gerichtlichem oder notariellem Protokoll zu geschehen hat, wie aus § 182 HGB. folgt.

Entspricht der Gesellschaftsvertrag nach Form und Inhalt den gesetzlichen Bestimmungen, so ist weiter zu prüfen, ob AR. und Vorstand ordnungsmäßig bestellt sind. Dabei ist zu beachten, daß über die Bestellung des

Vorstandes der Gesellschaftsvertrag Bestimmungen treffen muß, und daß der AR. im Fall der Simultangründung, wenn also die Gründer sofort alle Aktien übernehmen, gleichzeitig mit der Errichtung der Gesellschaft und im Fall der Sukzessivgründung nach geschehener Zeichnung des Grundkapitals in einer besonderen Generalversammlung zu bestellen ist.

Wenn in einem der Fälle des § 182 Abs. 2 HGB. die Ausgabe der Aktien zu einem geringeren Betrag als M. 1000.— geschehen soll, ist zu prüfen, ob die zur Ausgabe solcher „kleinen Aktien" nach § 180 Abs. 2 HGB. erforderliche Genehmigung des Bundesrats vorliegt.

Endlich ist zu beachten, daß die Ausübung des Geschäftsbetriebes bei manchen Geschäftszweigen staatlicher Genehmigung bedarf, so bei Hypothekenbanken (§ 1 des Gesetzes v. 12. V. 01), Eisenbahnen (Preuß. Eisenbahnges. v. 3. XI. 1838, §§ 1 und 3, Preuß. Kleinbahnges. v. 28. VII. 92, § 2), Ausgabe von Banknoten (Reichsbankges. v. 14. III. 75, § 1), Auswanderungsvermittlung (Reichsges. üb. d. Auswanderungswesen v. 9. VI. 97, § 1). In allen diesen Fällen haben die Mitglieder des AR. festzustellen, ob die Genehmigung vorhanden ist.

Die AR.-Mitglieder haben also, wie gesagt, den gesamten äußeren Hergang der Gründung zu prüfen. Insbesondere hebt das Gesetz aber noch folgendes hervor (vgl. § 193 HGB.):

Zunächst ist die Zeichnung des Grundkapitals einer genauen Prüfung zu unterwerfen, der AR. hat die Angaben der Gründer über die Zeichnungen zu kontrollieren. Zu dem Zwecke muß er von ihnen verlangen, daß sie ihm bei Simultangründung den Gesellschaftsvertrag oder die besondere Übernahmeverhandlung (§ 188 Abs. 2 HGB.) vorlegen, denn entweder im Gesellschaftsvertrag selbst oder in einer besonderen Übernahmeverhandlung ist die Erklärung über die Übernahme sämtlicher Aktien durch die Gründer niederzulegen. Handelt es sich um eine Sukzessivgründung, so müssen sich die Mitglieder des AR. von den Gründern die Zeichnungsscheine und das (nach § 195 Nr. 3 HGB. von den Gründern anzufertigende) Verzeichnis aller Aktionäre vorlegen lassen. Anhand dieser Unterlagen ist festzustellen, ob das gesamte Grundkapital übernommen bzw. gezeichnet ist und ob die Übernahme bzw. Zeichnung rechtsgültig ist. Nicht zu erstrecken braucht sich die Prüfung auf die Frage der Zahlungsfähigkeit der Gründer bzw. Zeichner.[51]) Sind aber aus den den AR.-Mitgliedern zugängig zu machenden Unterlagen oder aus sonstigen Gründen Bedenken bezüglich der Zahlungsfähigkeit eines Gründers oder Zeichners zu erheben, so ist das in dem über die Prüfung zu erstattenden Bericht (s. unten S. 36) zum Ausdruck zu bringen.

Wie die Zeichnung des Grundkapitals so ist auch seine **Einzahlung** der Prüfung zu unterwerfen. Insbesondere ist festzustellen, ob die Einzahlungen den etwaigen Bestimmungen des Gesellschaftsvertrages und den Angaben des Zeichnungsscheines (vgl. § 189 Abs. 3 HGB.) entsprechen. Zunächst ist dabei zu beachten, daß wirkliche Barzahlungen auf die Aktien geleistet sein müssen. Es genügt also nicht: Hingabe von Wechseln,[52]) Gutschrift bei einer Bank[53]) oder Hingabe von Schecks,[54])*) wohl aber vereinbarungsgemäße Aufrechnung mit Gegenforderungen.[55])

Das Erfordernis der Barzahlung schließt ferner **Scheinzahlungen**, die etwa nur geschehen, um die Anmeldung zum Handelsregister zu ermöglichen, während nach geschehener Anmeldung der Betrag zurückgezahlt wird, aus.[56])

Weiter ist zu beachten, daß der vom Vorstand „**eingeforderte**" Betrag, d. h. mindestens 1/4 des Nennbetrages zuzüglich einem etwaigen Aufgeld, aber auch der etwa eingeforderte Mehrbetrag gezahlt sein muß. Durch die Bestimmung eines Mindestbetrages wird aber nicht etwa erreicht, daß Sacheinlagen nicht mehr als 3/4

---

*) Nach Bekanntmachung des Bundesrats v. 24. V. 17 (RGBl. 431) kann bis zur Außerkraftsetzung der Verordnung die Einzahlung auch durch bestätigten Reichsbankscheck oder durch Gutschrift auf Reichsbank- oder Scheckkonto geschehen.

des Nennbetrages ausmachen dürfen. Es kann vielmehr die ganze Einlage in Sachen an Stelle baren Geldes bestehen. Erfolgt die Deckung durch Geld und Sacheinlagen, so muß $^1/_4$ des Nennbetrages zuzüglich einem etwaigen Aufgelde eingezahlt werden, aber abzüglich des Wertes der Sacheinlagen.[57])

Die Zahlung muß auf jede einzelne Aktie erfolgen, es genügt also nicht, daß die Gesamtsumme der eingezahlten Beträge $^3/_4$ des Grundkapitals zuzüglich einem etwaigen Aufgeld ausmacht.[58]) Die gezahlten Beträge müssen im Besitz des Vorstandes sein. Will er sich bei der Entgegennahme einer Bank bedienen, so ist das nur in der Weise zulässig, daß das einzuzahlende Geld bei der Bank in Form eines regulären Depositums hinterlegt wird, d. h. in der Weise, daß die Bank das Geld namens des Vorstandes annimmt und es gesondert von ihren übrigen Beständen für den Vorstand aufbewahrt, so daß er wenigstens im mittelbaren Besitz des Geldes ist.[59]) Bis zur erfolgten Eintragung muß das eingezahlte Geld in natura im Besitz des Vorstandes verbleiben, er darf also das Geld weder ganz noch teilweise schon vor Eintragung der Gesellschaft zu Erwerbungen oder Geschäften gebrauchen, er darf es weder in Hypotheken noch Wertpapieren oder sonstwie anlegen.[60]) Das Gesetz will vermeiden, daß die Gesellschaft schon vor ihrer Eintragung irgendwelche Geschäfte macht, deshalb will es den Grundsatz, daß das Grundkapital bis zur Eintragung nicht angegriffen werden soll, auf das Strengste durchgeführt wissen. Selbst Stempel- und Notariatskosten und sonstige bei der Gründung notwendig werdende Auslagen dürfen nicht aus den auf das Grundkapital gemachten Einzahlungen gedeckt werden. Solche Unkosten muß also ein Dritter der in der Gründung begriffenen Gesellschaft vorschießen. Ob diesem Dritten zur Sicherheit für seine manchmal nicht unbedeutenden Vorschüsse ein Pfandrecht an dem auf das Grundkapital eingezahlten Gelde bestellt werden kann, ist zweifelhaft.[61])

Die Prüfungspflicht des AR. bei Gründung der Aktiengesellschaft erfordert ferner eine Untersuchung der Angaben der Gründer in Ansehung der im § 186 HGB. vorgesehenen Festsetzungen, d. h.: wenn zugunsten einzelner Aktionäre besondere Vorteile bedungen sind (§ 186 Abs. 1), so ist zu prüfen, ob diese Vorteile sämtlich Aufnahme in den Gesellschaftsvertrag gefunden haben, ob also andere Vorteile nicht gewährt werden.

Sodann ist die Angabe des Gesellschaftsvertrages über den Gesamtaufwand, der an Gründer oder Dritte als Entschädigung oder Belohnung für die Gründung oder ihre Vorbereitung gewährt wird, auf ihre Richtigkeit zu untersuchen. Bei Prüfung der Belege hierüber braucht der AR. natürlich nicht zu kleinlich zu sein, z. B. hat er bei Prüfung der Portoausgaben nicht jeden Brief festzustellen.

Werden Sacheinlagen gemacht oder übernimmt die Gesellschaft Anlagen oder sonstige Vermögensgegenstände, so ist zu prüfen, ob die betreffenden Gegenstände wirklich vorhanden und wie sie bezahlt sind, dabei sind die vorausgegangenen Rechtsgeschäfte, die auf den Erwerb durch die Gesellschaft hingezielt haben, ferner die Selbstkostenpreise aus den letzten beiden Jahren und im Fall des Überganges eines Unternehmens auf die Gesellschaft die Betriebserträgnisse aus den letzten beiden Geschäftsjahren zu prüfen. An Hand dieser Unterlagen haben die Mitglieder des AR. sich darüber schlüssig zu werden, ob etwa die für die eingelegten oder übertragenen Gegenstände gewährten Beträge das angemessene Maß überschreiten. Bei dieser Prüfung sind sie nicht an die ihnen von den Gründern unterbreiteten Unterlagen und an den Inhalt der bei Sacheinlagen und Übernahmen abzugebenden Gründererklärung (§ 191 HGB.) gebunden, sondern sie haben gegebenenfalls mit Hilfe von Sachverständigen und auf Grund eigener Prüfung sich ein selbständiges Urteil zu bilden.

b) Nicht den AR. als solchen trifft die Prüfungspflicht, sondern jedes einzelne seiner Mitglieder, es sind also nicht stets Mehrheitsbeschlüsse herbeizuführen, vielmehr hat jedes einzelne Mitglied die einzelnen Prüfungshandlungen selbständig vorzunehmen, soweit es nicht auf die Prüfung durch die anderen Mitglieder vertrauen kann.

Die Prüfungspflicht trifft die Mitglieder des AR. stets **zusammen mit den Mitgliedern des Vorstands** (§ 192 Abs. 1 HGB.). Außerdem haben sich noch besondere, durch die Handelskammer bzw. das Registergericht zu bestellende **Revisoren** an der Prüfung zu beteiligen, wenn ein Mitglied des Aufsichtsrats oder Vorstandes zu den Gründern gehört oder wenn ihm ein besonderer Vorteil, oder für die Gründung oder deren Vorbereitung eine Entschädigung oder Belohnung versprochen worden ist, sowie endlich dann, wenn Sacheinlagen oder Übernahmen vorgesehen sind.

c) **Prüfungsbericht.** Über die Prüfung des Gründungsherganges haben sämtliche Mitglieder des AR. und Vorstandes schriftlich Bericht zu erstatten (§ 193 Abs. 2 HGB.). Dieser Bericht ist bei der Anmeldung der Gesellschaft zur Eintragung in das Handelsregister mit einzureichen (§ 195 Abs. 2 Nr. 5 HGB.). Einer besonderen Form bedarf er nicht, es genügt bloße Schriftlichkeit, d. h. Unterschrift sämtlicher Mitglieder, die aber nicht beglaubigt zu sein braucht. Der Bericht kann von den Mitgliedern des AR. und des Vorstandes einheitlich erstattet werden. **Abweichende Meinungen** müssen im Bericht zum Ausdruck kommen, gegebenenfalls muß das betreffende Mitglied selbst einen entsprechenden Vermerk anbringen.

d) Der Prüfungsbericht ist dem Registergericht einzureichen. Dieses macht bei Veröffentlichung der Eintragung der Aktiengesellschaft bekannt, daß von ihm Einsicht genommen werden könne.

Bei Sukzessivgründungen haben sich der Vorstand und AR. über die Ergebnisse der ihnen in Ansehung der Gründung obliegenden Prüfung auf Grund ihrer Berichte und ihrer urkundlichen Grundlagen in der Errichtungsversammlung **zu erklären**. Es genügt, daß das von je einem Mitglied des AR. und des Vorstandes geschieht. Abweichende Ansichten einzelner Mitglieder sind dabei vorzutragen, sonst muß das betreffende Mitglied bei Vermeidung seiner Haftung der Generalversammlung selbst seine Bedenken kundgeben.

Ein Verzicht auf den mündlichen Bericht der Generalversammlung ist nicht möglich, das Gesetz verlangt ihn im öffentlichen Interesse.

e) Bei mangelhafter Prüfung des Gründungsherganges haften der Gesellschaft sämtliche Mitglieder von AR. und Vorstand als Gesamtschuldner für den ihr daraus entstehenden Schaden. Die Haftung, die übrigens geltend zu machen ist, wenn eine Minderheit, die mindestens $^1/_{10}$ des Grundkapitals besitzt, es verlangt (§ 268 HGB.), trifft natürlich nur diejenigen, die tatsächlich den Schaden mit verursacht haben, haben mehrere verschiedene Schäden angerichtet, so haftet jeder nur hinsichtlich des ihm zur Last fallenden. Die Haftung tritt nur insoweit ein, als ein Ersatz seitens der Gründer und Gründergenossen nicht zu erlangen ist. Der Anspruch kann innerhalb 5 Jahren seit Eintragung der Gesellschaft in das Handelsregister nicht durch Vergleich oder Verzicht erledigt oder beschränkt werden. Nach dieser Frist sind Vergleiche oder Verzichte unzulässig, wenn in der Generalversammlung eine Minderheit, die mindestens $^1/_5$ des Grundkapitals besitzt, widerspricht. Andererseits kann der in Anspruch Genommene nunmehr die Verjährungseinrede erheben (§§ 205, 206 HGB.).

2. Anmeldung der Aktiengesellschaft zum Handelsregister.

a) Gegenstand der Anmeldung ist nicht, wie nach früherem Recht, der Gesellschaftsvertrag, sondern die Gesellschaft als solche.

b) Inhalt der Anmeldung: Die Anmeldung selbst muß eine Erklärung über die Einzahlung des Grundkapitals enthalten, und zwar ist nach § 195 Abs. 3 anzugeben:

1. Der Ausgabebetrag der Aktien, der nach § 184 HGB. nicht geringer, wohl aber höher als der Nennbetrag sein darf;
2. soweit nicht Sacheinlagen bedungen sind: daß

der eingeforderte Betrag voll bezahlt und im Besitz des Vorstands ist (Sacheinlagen brauchen im Zeitpunkt der Anmeldung dagegen nicht tatsächlich an die Gesellschaft übertragen zu sein);

3. die Höhe des insgesamt auf die Aktien eingezahlten Betrages (dieser muß mindestens $^1/_4$ des Nennbetrages und im Fall der Ausgabe der Aktien zu einem höheren als dem Nennbetrag auch den Mehrbetrag umfassen).

Der Anmeldung sind Anlagen beizufügen, und zwar:

1. der Gesellschaftsvertrag und die Verhandlung über seine Feststellung (§ 182 Abs. 1) sowie bei Sukzessivgründung die Verhandlung über die Übernahme der Aktien (§ 188 Abs. 2 HGB.).

2. Die Urkunden über die Bestellung von AR. und Vorstand (§ 195 Ziff. 3 HGB.). — Die Annahme dieser Ämter braucht nicht beurkundet und infolgedessen eine Urkunde darüber auch nicht mit eingereicht zu werden.

3. Die Prüfungsberichte des AR. und des Vorstandes und der etwa bestellten Revisoren mit ihren urkundlichen Unterlagen d. h. etwa eingeholten Gutachten, Bescheinigungen usw. (§ 195 Ziff. 5).

4. Wenn das Unternehmen genehmigungspflichtig ist (s. oben S. 32) sowie bei Kleinaktien die Genehmigungsurkunde (§ 195 Ziff. 6).

5. Wenn einzelnen Aktionären besondere Vorteile versprochen sind oder wenn Sacheinlagen oder Übernahmen oder die Gewährung von Entschädigungen oder Belohnungen als Gründungsaufwand vorgesehen sind: die betreffenden Verträge. (Aus dieser Vorschrift folgt, daß solche Verträge schriftlich sein müssen.)

Bei Sacheinlagen und Übernahmen ist außerdem die von den Gründern gemäß § 191 HGB. abzugebende Erklärung beizubringen. Endlich ist in allen unter 5. genannten Fällen eine Berechnung des Gründungsaufwandes mit einzureichen.

c) Form der Anmeldung: Die Anmeldung der Aktiengesellschaft zum Handelsregister hat nach § 12 HGB. entweder von den Anmeldenden persönlich bei Gericht zu erfolgen oder aber schriftlich unter Beglaubigung der Unterschriften.

d) Zuständig für die Entgegennahme der Anmeldung ist das Amtsgericht desjenigen Ortes, den der Gesellschaftsvertrag als Sitz der Gesellschaft angibt, gleichgültig, ob dort auch tatsächlich die Verwaltung geführt wird.

e) Die Anmeldepflicht trifft nicht den AR. als solchen, sondern sämtliche Mitglieder, und zwar neben den Vorstandsmitgliedern und Gründern. Die Pflicht besteht aber nur dann, wenn die Gründung ordnungsmäßig erfolgt ist. Weist der Gründungshergang Unstimmigkeiten auf, die zivilrechtliche oder strafrechtliche Gefahren bergen, so kann die Anmeldung verweigert werden. Bei Simultangründungen entsteht die Anmeldepflicht ohne weiteres nach Uebernahme der Aktien. Bei Sukzessivgründungen werden jedoch die AR.-Mitglieder zur Mitwirkung bei der Anmeldung erst verpflichtet nach erfolgter Beschlußfassung über die Errichtung der Gesellschaft in der zu diesem Zweck einzuberufenden besonderen Errichtungsversammlung (§ 196 HGB.). Etwa schon vorher abgegebene Unterschriften der Anmeldungserklärung können die Mitglieder des AR. ebenso wie die des Vorstands bis zu diesem Zeitpunkt ohne Begründung, ja ohne Vorliegen tatsächlicher Gründe zurückziehen. Bei der Bewirkung der Anmeldung können sich AR. und Vorstand, anders als die Gründer, nicht vertreten lassen.

Widerruft eine der anmeldepflichtigen Personen vor Eintragung der Gesellschaft in das Handelsregister dem Gericht gegenüber ihre Anmeldungserklärung, so muß die Eintragung unterbleiben, ohne Rücksicht darauf, ob der Widerruf berechtigt ist oder nicht. Stirbt eine der anmeldepflichtigen Personen vor Eintragung der Gesellschaft oder wird sie vor diesem Zeitpunkt geschäftsunfähig, so wird ihre Erklärung unwirksam. Die Bestimmung des § 130 Abs. 2 und 3 BGB. kann hier nicht angewendet werden, denn es handelt sich nicht um ein vor dem Richter vorzunehmendes Rechtsgeschäft, sondern um die Erfüllung einer öffentlich-rechtlichen Pflicht.

f) Wissentlich falsche Angaben, die seitens der Anmeldepflichtigen gemacht werden, sind nach näherer Bestimmung des § 313 Nr. 1 strafbar.

II. Der Aufsichtsrat bei Nachgründungen.

Um zu verhüten, daß die erschwerenden Vorschriften, die für Sacheinlagen und Übernahmen bei der Gründung getroffen sind, umgangen werden, bestimmt § 207 HGB., daß Verträge, nach denen vorhandene oder herzustellende Anlagen, die dauernd zum Geschäftsbetrieb der Gesellschaft bestimmt sind, oder unbewegliche Gegenstände für eine den 10. Teil des Grundkapitals übersteigende Vergütung erworben werden sollen, zur Wirksamkeit der Zustimmung der Generalversammlung bedürfen, falls sie vor dem Ablauf von 2 Jahren seit Eintragung der Gesellschaft in das Handelsregister geschlossen werden. Vor der Beschlußfassung hat der AR. den Vertrag zu prüfen, und zwar insbesondere hinsichtlich der Angemessenheit der von der Gesellschaft zu zahlenden Vergütung. Die Prüfungspflicht trifft hier, entsprechend der Regel und entgegen dem für die Prüfung der Gründungshergänge Geltenden, den AR. als solchen und nicht seine einzelnen Mitglieder, so daß er durch Mehrheitsbeschluß über den Umfang der Prüfung, Zuziehung von Sachverständigen usw. zu befinden hat. Über das Ergebnis der Prüfung ist der Generalversammlung schriftlich Bericht zu erstatten. Auch hier hat der AR. als solcher tätig zu werden, jedoch sind abweichende Ansichten einzelner Mitglieder, ebenso wie bei dem über die Gründung zu erstattenden Bericht zum Ausdruck zu bringen. Unterbleibt der Bericht, so unterliegt der Beschluß der Generalversammlung, durch den sie einer „Nachgründung" ihre Zustimmung erteilt, der Anfechtung im Wege der Klage gemäß § 271 HGB.

Für die Erfüllung seiner Prüfungspflicht bei Nachgründungen haftet der AR. nicht wie bei der Prüfung der eigentlichen Gründung lediglich subsidiär, sondern nach den allgemeinen Grundsätzen (oben S. 24).

III. Der Aufsichtsrat bei Kapitalserhöhungen.

1. Anmeldung des Beschlusses der Generalversammlung über die Erhöhung des Grundkapitals.

Der Beschluß über die Erhöhung des Grundkapitals ist von sämtlichen Mitgliedern von AR. und Vorstand zur Eintragung in das Handelsregister anzumelden. Hierbei braucht das Protokoll über die Generalversammlung nicht mit eingereicht zu werden [62]), das ist vielmehr nur dann nötig, wenn es nicht schon gemäß § 259 Abs. 5 HGB. geschehen ist, wenn also der Vorstand die ihm gesetzlich obliegende Pflicht, unverzüglich nach jeder Generalversammlung eine Protokollabschrift zum Handelsregister einzureichen, verletzt hat.

Vor Anmeldung ist zu prüfen, ob das bisherige Grundkapital voll eingezahlt ist (§ 280 HGB.), da, abgesehen von Versicherungsgesellschaften, nach § 278 HGB. eine Erhöhung des Grundkapitals durch Ausgabe neuer Aktien nicht vor aller Einzahlung des bisherigen Kapitals erfolgen soll. Ergibt die Prüfung, daß noch ein Teil des bisherigen Grundkapitals rückständig ist, so hindert das die Anmeldung nicht ausnahmslos, da „unerhebliche" Rückstände der Erhöhung des Grundkapitals nicht im Wege stehen, jedoch sind die rückständigen Beträge bei der Anmeldung anzugeben und zu versichern, daß weitere Beträge nicht rückständig sind. Die Versicherung, daß keine weiteren Rückstände vorhanden sind, ist auch bei Kapitalserhöhung von Versicherungsgesellschaften abzugeben, bei denen der Gesellschaftsvertrag gemäß § 278 Abs. 1 Satz 2 etwa die Erhöhung vor Einzahlung des bisherigen Kapitals gestattet.

Die Prüfungs- und Anmeldepflicht bei Kapitalserhöhung trifft nicht den AR. als solchen, sondern seine einzelnen Mitglieder neben den Vorstandsmitgliedern. Damit soll aber nicht etwa gesagt werden, daß es genüge, wenn sämtliche zurzeit vorhandenen Mitglieder sich der Prüfungs-

und Anmeldepflicht unterziehen, ohne Rücksicht darauf, ob ihre Zahl derjenigen entspricht, die nach Statut oder Gesetz zur Besetzung des AR. erforderlich ist, es muß vielmehr diese letztere Zahl gewahrt sein).[63] Setzt der Gesellschaftsvertrag für den AR. eine Höchst- und eine Mindestziffer fest, so genügt es natürlich, daß soviele Mitglieder vorhanden sind und bei der Prüfung und Anmeldung mitwirken, als der Mindestziffer entspricht. Überläßt aber der Gesellschaftsvertrag der Generalversammlung die nähere Festsetzung der Zahl der AR.-Mitglieder in den Grenzen einer Mindest- und einer Höchstziffer, so muß die von der Generalversammlung bestimmte Zahl von AR.-Mitgliedern vorhanden sein, ist das nicht der Fall, so muß vorher eine Zuwahl erfolgen.[64])

Die AR.-Mitglieder können sich bei Abgabe der Anmeldungserklärung nicht vertreten lassen.[65])

Zur Anmeldung der Kapitalserhöbung sind sie der Gesellschaft gegenüber zivilrechtlich verpflichtet, diese Pflicht kann durch Klage erzwungen werden.

2. **Prüfung der Zeichnung und Einzahlung des Erhöhungskapitals.**

Hier gilt das oben für die Gründung der Aktiengesellschaft Gesagte. Jedoch ist hinsichtlich der Zeichnung ferner zu beachten, daß die alten Aktionäre nach § 282 Abs. 1 ein Bezugsrecht auf die neuen Aktien haben, das ihnen bei Zusicherung von Bezugsrechten an andere vorbehalten werden muß (§ 283 Abs. 1 HGB.). Bis zur Eintragung des Erhöhungsbeschlusses darf keine Verwendung des Geldes, auch nicht für die Kosten der Erhöhung erfolgen.

Ein besonderer Prüfungsbericht, wie er bei Gründung der Gesellschaft erfolgen muß, ist für die Erhöhung des Grundkapitals nicht vorgeschrieben. Für die ordentliche Durchführung der Prüfung haften aber auch hier die AR.-Mitglieder nach den allgemeinen Grundsätzen (oben S. 24).

3. **Anmeldung der erfolgten Erhöhung zum Handelsregister.** Wie der Erhöhungsbeschluß so ist auch die Tatsache der erfolgten Erhöhung, also die Unter-

bringung aller neuen Aktien zum Handelsregister anzumelden. Das erfordert nicht, daß ihr ein diese Tatsache feststellender Beschluß der Generalversammlung vorausgegangen ist, es genügt vielmehr, daß die anmeldenden Personen auf Grund ihrer Prüfung die pflichtgemäße Überzeugnng erlangt haben, daß die Erhöhung tatsächlich vollendet ist.

Die Anmeldung muß eine Erklärung über die Einzahlung des Erhöhungskapitals enthalten, für welche die Vorschriften des § 195 Abs. 3 (s. oben S. 37) entsprechend gelten. Nicht angegeben zu werden braucht bei der Anmeldung, wie hoch das Grundkapital der Gesellschaft nach vollendeter Erhöhung ist, durch die Eintragung der Kapitalserhöhung ändert sich vielmehr die frühere Zahl, welche die Satzung als Betrag des Grundkapitals angibt von selbst.[66]) Der größeren Klarheit wegen kann natürlich eine ausdrückliche Änderung des Wortlautes der Satzung vorgenommen werden, das bedeutet dann aber nur eine rein formelle Fassungsänderung, die dem AR. übertragen werden kann (s. unten S. 45).

Der Anmeldung der erfolgten Erhöhung des Grundkapitals sind beizufügen:

1. Die zweite Ausfertigung der Zeichnungsscheine und ein von den Mitgliedern des Vorstandes unterschriebenes Zeichnerverzeichnis, das die auf jeden entfallenden Aktien sowie darauf geschehene Einzahlungen angibt;

2. eine Berechnung der durch die Ausgabe der neuen Aktien der Gesellschaft entstehenden Kosten (darunter fallen die Notariats- und Gerichtskosten sowie etwaige Provisionen);

3. wenn die Erhöhung des Grundkapitals mit Rücksicht auf den Gegenstand des Unternehmens der staatlichen Genehmigung bedarf (s. S. 32) sowie wenn die Aktien „Klein-Aktien" eines gemeinnützigen oder vom Reiche, einem Bundesrat oder Kommunalverband garantierten Unternehmens sind: die Genehmigungsurkunden;

4. wenn Sacheinlagen oder Übernahmen geschehen sind: die zugrunde liegenden Verträge.

Wissentlich falsche Angaben bei der Anmeldung werden nach § 313 Ziff. 3 bestraft.

Zur Anmeldung der erfolgten Erhöhung des Grundkapitals kann der AR. ebenso wie zur Anmeldung des Erhöhungsbeschlusses der Gesellschaft durch Klage gezwungen werden.

4. Anhang: Der Aufsichtsrat bei Übernahme des Vermögens einer anderen Aktiengesellschaft im Wege der Fusion.

a) **Aufsicht über die Kapitalerhöhung der übernehmenden Gesellschaft.** Unter Fusion versteht man die Übertragung des ganzen Vermögens einer Aktiengesellschaft auf eine andere gegen Gewährung von Aktien. Die Fusion erfordert regelmäßig für die übernehmende Gesellschaft eine Kapitalerhöhung. An sich hat der AR. bei dieser Kapitalerhöhung die soeben erörterten Pflichten zu erfüllen, jedoch ist zu berücksichtigen, daß eine Aktiengesellschaft ihr Kapital zum Zwecke der Aufnahme einer anderen Aktiengesellschaft auch dann erhöhen kann, wenn ihr altes Grundkapital noch nicht voll gezahlt ist, und daß die neuen Aktien von der zu übernehmenden Gesellschaft oder ihren Aktionären nicht formell gezeichnet zu werden brauchen, sondern formell übertragen bzw. umgetauscht werden können. Daß die alten Aktionäre der übernehmenden Gesellschaft kein Bezugsrecht auf die jungen Aktien haben sollen, ergibt sich schon aus dem Wesen des Verschmelzungsvertrages, der ja die Überlassung an die zu übernehmende Gesellschaft oder deren Aktionäre vorsieht. Infolge dieser Abweichung von den Vorschriften über sonstige Kapitalerhöhungen braucht bei Verschmelzungen nicht geprüft zu werden, ob das bisherige Grundkapital eingezahlt oder wieviel rückständig ist, und ist bei der Anmeldung des Erhöhungsbeschlusses auch keine diesbezügliche Versicherung abzugeben.

b) **Aufsicht über die Einhaltung des Sperrjahres.** Die Verschmelzung kann mit oder ohne Liquidation des Vermögens der aufgelösten Gesellschaft erfolgen. Im letzteren Fall ist das Vermögen der aufgelösten Gesellschaft durch die übernehmende Gesellschaft bis nach erfolgter dreimaliger Aufforderung der Gesellschaftsgläubiger zur Anmeldung ihrer Forderungen und nach Ablauf eines Jahres (Sperrjahr) getrennt zu verwalten. Für die Ausführung der getrennten Verwaltung sind die Mitglieder des AR. neben den Mitgliedern des Vorstandes den Gläubigern der aufgelösten Gesellschaft als Gesamtschuldner verantwortlich, jedoch nur soweit eine Vereinigung mit ihrem Wissen und ohne ihr Einschreiten erfolgt.

IV. Der AR. bei Änderung des Gesellschaftsvertrags.

1. Wie schon im Gründungsstadium (S. 31) so hat noch viel weniger nach Eintragung der Gesellschaft in das Handelsregister der AR. die Befugnis zu Änderungen des Gesellschaftsvertrages, solche kann vielmehr nur die Generalversammlung vornehmen (§ 274 HGB.).

2. Ausgenommen ist nur die Vornahme bloß formeller Änderungen, die dem AR. durch Beschluß der Generalversammlung übertragen werden kann (§ 247 Abs. 1 Satz 2 HGB.). Die abgeänderte Fassung ist vom Vorstand zum Handelsregister anzumelden und erhält erst mit der Eintragung Bedeutung (§ 277). Vor Eintragung hat der Registerrichter zu prüfen, ob die Fassungsänderung richtig und sachgemäß erfolgt ist. Gegen seine Entscheidung steht jedem Aktionär, nicht aber dem AR. die Beschwerde nach § 20 FGG. zu. Da die Grenze zwischen Fassung und Inhalt nicht immer leicht zu finden ist, so muß der Registerrichter bei Prüfung von Satzungsänderungen seitens des AR. besonders vorsichtig sein. Zum Beispiel stellt eine Änderung der Firma keine bloße Fassungsänderung vor.[67])

Hat die Generalversammlung den AR. mit einer „Fassungsänderung" betraut, die in Wahrheit eine Änderung des sachlichen Inhaltes des Gesellschaftsvertrages bedeutet, so unterliegt dieser Beschluß der Generalversammlung der Anfechtung, erfolgt eine solche jedoch nicht, so ist der Beschluß rechtsgültig und der AR. zu der

Änderung befugt, soweit dadurch nicht Sonderrechte oder öffentlich-rechtliche Vorschriften verletzt werden.

3. Ordnungsmäßige Bekanntmachung der beabsichtigten Fassungsänderung hat bei Berufung der Generalversammlung zu erfolgen (§ 256 HGB.), und zwar auch dann, wenn dieselbe dem AR. übertragen werden soll.

4. Der die Fassungsänderung vornehmende Beschluß des AR. bedarf in sinngemäßer Anwendung des § 259 HGB. der notariellen oder gerichtlichen Form.

V. Der AR. bei Liquidation der Aktiengesellschaft.

Die Liquidation der Aktiengesellschaft erfolgt, wenn nicht der Gesellschaftsvertrag oder ein Beschluß der Generalversammlung etwas anderes bestimmt, durch die Mitglieder des Vorstandes als Liquidatoren. Jedoch kann der AR. ebenso wie eine Minderheit von Aktionären, deren Anteile zusammen den 20. Teil des Grundkapitals erreichen, aus wichtigen Gründen die Ernennung anderer Liquidatoren durch das Registergericht beantragen. Unter denselben Voraussetzungen kann ferner auch die Abberufung von Liquidatoren durch das Gericht geschehen. Die Liquidatoren unterliegen ebenso wie der Vorstand der Aufsicht des AR.[68]) Für seine Mühewaltung während der Liquidation kann die Generalversammlung dem AR. eine zuvor nicht versprochene Vergütung gewähren.[69])

§ 2. Die Verwaltungshandlungen des Aufsichtsrats.

A) Einschränkungen.

1. Trennung der Geschäftskreise von Aufsichtsrat und Vorstand.

a) Das Gesetz scheidet die Geschäftskreise von AR. und Vorstand so streng, daß es in § 246 HGB. bestimmt, daß die Mitglieder des AR. nicht zugleich Mitglieder des Vorstandes oder dauernd Stellvertreter von Vorstandsmitgliedern sein, auch nicht als Beamte die Geschäfte der Gesellschaft führen können. Ja, es bestimmt sogar noch weiter (Abs. 3), daß aus dem Vorstand ausscheidende Mitglieder nicht vor ihrer Entlastung durch die Generalversammlung in den AR. gewählt werden können.

Das Verbot, geschäftsführender Beamter der Gesellschaft zu sein, bezieht sich nur auf eine ständige Geschäftsführung. Es ist also wohl statthaft, daß AR.-Mitglieder einzelne Geschäfte für die Gesellschaft verrichten, daß sie für sie Gutachten erstatten, einzelne Arbeiten ausführen usw.[70]) Ferner ist zu beachten, daß das Verbot sich nicht bezieht auf eine bloß beratende Tätigkeit z. B. als Syndikus, Justitiar usw.[71])

b) Nimmt ein Mitglied des AR. entgegen dem § 248 eine Bestellung zum Vorstandsmitglied an oder läßt es sich dauernd die Stellvertretung eines solchen oder die Stellung eines geschäftsführenden Beamten der Gesellschaft übertragen, so hat dies das Ausscheiden des Betreffenden aus dem AR. zur Folge.[72]) Das Gesetz will eben, daß der AR., um seiner eigentlichen, der Aufsichtspflicht, besser genügen zu können, sich von der Geschäftsführung fern hält.

c) Im Interesse kleiner Aktiengesellschaften, denen geeignete Personen zur Vertretung behinderter Vorstandsstandsmitglieder fehlen, bestimmt aber § 248 Abs. 2, daß für einen im voraus begrenzten Zeitraum der AR. einzelne seiner Mitglieder zu Stellvertretern von behinderten Mitgliedern des Vorstandes bestellen kann. Während dieser Zeit und bis zu ihrer Entlastung als Vertreter dürfen jedoch die betreffenden Mitglieder des AR. eine Tätigkeit im Aufsichtsrat bzw. als dessen Mitglieder nicht ausüben. Diese Vorschrift kann als Ausnahme von der Regel nicht ausdehnend ausgelegt werden. Daher kann z. B. der AR. seine Mitglieder nur zur Vertretung von behinderten Vorstandsmitgliedern, nicht auch zur Vertretung anderer behinderter Beamten der Gesellschaft entsenden. Die Entsendung geschieht auch dann durch den AR., wenn ihm sonst die Bestellung des Vorstands nicht zusteht.[73]) Die Frage, ob dem Vorstand das Entsendungsrecht durch den Gesellschaftsvertrag genommen werden kann, wird man mit Staub [74]) bejahen müssen.

Dadurch, daß das zum Vertreter eines Vorstandsmitgliedes bestellte AR.-Mitglied für die Dauer der Vertretung an der Wahrnehmung seiner Funktionen behindert ist, darf die Zahl der außerdem vorhandenen Mitglieder nicht unter 3 sinken. [75]) Erfordert die Beschlußfähigkeit des AR. nach dem Gesellschaftsvertrag eine höhere Ziffer als 3 Mitglieder, so muß auch diese gewahrt bleiben. Denn es sollen beide Organe arbeitsfähig bleiben. [76])

Eine Behinderung eines Vorstandsmitgliedes liegt nicht schon dann vor, wenn das betreffende Vorstandsmitglied mit Arbeit überhäuft, sondern erst dann, wenn es überhaupt an der Geschäftsführung als solcher tatsächlich oder rechtlich verhindert ist. [77]) Bei völligem Ausscheiden oder Tod eines Vorstandsmitgliedes liegt nach dem Wortsinn eine Behinderung ebenfalls nicht vor. Nach dem Sinn des Gesetzes ist jedoch mit dem Brauch der Praxis § 248 Abs. 2 auch auf diese Fälle anzuwenden. [78])

Vielfach wird angenommen, daß ein Behinderungsfall noch gar nicht vorzuliegen braucht, daß vielmehr der AR. in Voraussicht eines solchen im vorhinaus aus seinem Kreise Vertreter für Vorstandsmitglieder bestellen könne. [79]) Mit Staub wird man jedoch annehmen müssen, daß der Behinderungsfall schon als sicher bevorstehen muß, ehe das geschehen kann. Man wird ferner annehmen müssen, daß der Behinderungsfall nicht von vornherein als wiederkehrend feststehen darf, wie es z. B. der Fall ist, wenn Mitglieder des Vorstandes zugleich im Vorstand einer anderen Gesellschaft sind, die zu der ersteren in einem bestimmten Rechtsverhältnis steht.

Die Bestellung eines AR.-Mitgliedes zum Stellvertreter eines Vorstandsmitgliedes gibt dem Bestellten in allem die Stellung eines Vorstandsmitgliedes (§ 242 HGB.), er hat also sämtliche Rechte und Pflichten eines solchen. Wie ein wirkliches Vorstandsmitglied ist auch er zum Handelsregister zu melden (§ 234 HGB.), jedoch erlangt er seine Befugnisse unmittelbar mit der Bestellung. Die Eintragung bevollmächtigt ihn nur Dritten gegenüber, so daß diese nicht zu prüfen brauchen, ob auch die Voraussetzungen für die Bestellung vorlagen.

Von dem Grundsatz, daß der bestellte Stellvertreter eines Vorstandsmitgliedes die gleiche Stellung habe, wie das Vorstandsmitglied selbst, gilt die eine Ausnahme, daß ihn nicht das für Vorstandsmitglieder gegebene Konkurrenzverbot des § 236 HGB. trifft.

Infolge der Bestellung scheidet der Bestellte nicht aus dem AR. aus, er darf jedoch sein Amt als AR.-Mitglied während der Vertretungszeit nicht ausüben. Wohl hat er auch für diese Zeit Anspruch auf den ihm als AR.-Mitglied zustehenden Gewinnanteil.

2. **Keine gesetzliche Befugnis des Aufsichtsrats zur Bestellung und Abberufung des Vorstands oder anderer Beamter.** Zum Geschäftskreis des AR. gehört nicht schon nach dem Gesetz die Bildung der Gesellschaftsorgane, ihre Bestellung und Amtsenthebung, insbesondere gilt das nicht vom Vorstand, aber auch die übrigen Beamten werden nicht vom AR. bestellt. Der AR. kann also nicht etwa ein Mitglied des Vorstands, das seine Pflicht verletzt, einfach entlassen. [80]) Meistens überträgt aber der Gesellschaftsvertrag, der über die Bestellung des Vorstandes Bestimmung treffen muß (vgl. § 182 Ziff. 4), diese dem AR. Bestellt der AR. den Vorstand, so hat er mangels anderer Bestimmung hierbei gemeinschaftlich zu handeln. [81]) Da den AR. die Anstellung von Beamten nichts angeht, so haben natürlich etwaige Zusicherungen, durch welche er dritten Personen Beamtenstellen verspricht, keinerlei Bedeutung. [82])

B. Einzelne Verwaltungshandlungen des Aufsichtsrats.

Obschon der AR. — wie gesagt — vom Gesetz als Aufsichtsorgan vorgesehen ist, sind ihm doch auch einige Verwaltungshandlungen ausdrücklich übertragen und weitere kann ihm der Gesellschaftsvertrag (s. unten C) anvertrauen.

1. **Berufung der Generalversammlung** (§ 246 Abs. 2 HGB.).

a) Neben dem Vorstand, dem in erster Linie die Einberufung der Generalversammlung obliegt (vgl. § 253 HGB.), ist der AR. selbständig hierzu berechtigt und verpflichtet, *wenn das Interesse der Gesellschaft es erfordert*. Dieses Recht kann ihm durch den Gesellschaftsvertrag weder entzogen noch beschränkt werden, denn ohne es würde es dem AR. nicht möglich sein, die Aktionäre von dem Ergebnis seiner Aufsichtstätigkeit in Kenntnis zu setzen.

b) Der AR. *als solcher* ist in den genannten Fällen zur Berufung der Generalversammlung verpflichtet. Wird er auf Grund des Gesellschaftsvertrages nach außen durch einzelne seiner Mitglieder vertreten, so kann die Berufung von diesen ausgehen, sie geschieht aber auch dann — wenn also z. B. der Vorsitzende die Generalversammlung beruft — namens des gesamten AR.[83])

c) Bei den Worten „wenn dies im *Interesse der Gesellschaft erforderlich* ist", ist nicht lediglich an solche Fälle gedacht, in denen es sich um den Abschluß von *Rechtsgeschäften* handelt, vielmehr kann *auch bei anderen als rechtsgeschäftlichen Anlässen* die Berufung erforderlich sein, so z. B. in dem bereits erwähnten Fall, daß der Vorstand seine Pflicht verletzt. Was aber den Sinn der genannten Worte anbelangt, so sagt das Reichsgericht in seiner berühmt gewordenen Entscheidung vom 3. Mai 1902,[84]) daß Vorstand und AR. verpflichtet seien, „sich vor Einlassung auf wichtige, kostspielige und deshalb das Interesse der Aktionäre in besonderem Maß berührende Unternehmungen der Einwilligung der Generalversammlung zu versichern, ohne dies auf eigene Gefahr handeln." Dieses Urteil erging im engen Anschluß an ein früheres Urteil vom 28. V. 1895,[85]) in welchem das Reichsgericht ausführte, daß der Vorstand schadensersatzpflichtig sei, wenn er bei einem Geschäft, das im Interesse der Gesellschaft die Einberufung der Generalversammlung erfordere, diese unterlasse. In dem letzteren älteren Urteil hat das Reichsgericht eine Feststellung dahin, wann das Interesse der Gesellschaft eine Einberufung erfordere, noch nicht getroffen. Die

Antwort, welche das Reichsgericht auf diese Frage in dem jüngeren Urteil fand, erregte allgemeinen Widerspruch, jedoch sind darüber, wann denn nun das Interesse der Gesellschaft die Einberufung der Generalversammlung erfordere, die Ansichten durchaus nicht ungeteilt. Am geringsten ist der Widerspruch gegen das Reichsgericht, noch bei der Auffassung, daß das Urteil zwar objektiv die Voraussetzungen für die Pflicht zur Einberufung der Generalversammlung richtig wiedergegeben habe, daß also bei wichtigen Unternehmungen die Generalversammlung zu befragen sei, daß aber außerdem in subjektiver Beziehung zu prüfen sei, ob der Vorstand bzw. AR. sich bei Anwendung der Sorgfalt eines ordentlichen Kaufmanns der objektiven Notwendigkeit der Berufung hätten bewußt werden müssen.[86]) Dieser Auffassung kann jedoch nicht beigetreten werden. Die Ansicht des Reichsgerichts von dem Umfang der Einberufungspflicht ist zweifellos zu weitgehend. Daß man für den Fall einer Bejahung eines objektiven Interesses der Gesellschaft an der Einberufung der Generalversammlung immer noch prüfen muß, ob ein ordentlicher Geschäftsmann dieses Interesse auch erkennen mußte, ehe man den AR. wegen Nichteinberufung der Generalversammlung für schadensersatzpflichtig erklärt, ist andererseits selbstverständlich. Auch die im Beschluß des 27. deutschen Juristentages niedergelegte Ansicht, daß „wie über alle anderen Fragen der Geschäftsführung, so auch über die Frage, ob und wann die Einberufung einer Generalversammlung im Interesse der Gesellschaft erforderlich ist, der Vorstand, ev. der AR. nach seinem pflichtgemäßen Ermessen im Rahmen der Sorgfalt eines ordentlichen Kaufmannes je nach der Lage des einzelnen Falles und unter Berücksichtigung aller Interessen der Gesellschaft zu entscheiden" habe, trifft der Vorwurf, daß sie, insoweit sie die Prüfung der Notwendigkeit der Einberufung einer Generalversammlung in das subjektive pflichtgemäße Ermessen von AR. und Vorstand stellt, eine Selbstverständlichkeit ausspricht. Im übrigen sagt der Beschluß des Juristentages darüber, wann nun objektiv das Interesse der Gesellschaft eine

Einberufung erfordere, nichts. Am weitesten entfernt sich von diesen Auffassungen die Ansicht, daß die Einberufung der Generalversammlung immer nur dann erforderlich sei, wenn eine Beschlußfassung über solche Angelegenheiten geschehen müsse, die unmittelbar oder mittelbar nach Gesetz oder Gesellschaftsvertrag zur direkten Zuständigkeit der Generalversammlung selbst gehörten, daß aber für solche Verwaltungshandlungen die Einberufung nicht erforderlich sei, die der Generalversammlung nicht ausdrücklich vorbehalten wären.[87]) Dieser Ansicht hat man mit Recht entgegengehalten, daß in manchen Fällen, in denen das Gesetz die Einberufung der Generalversammlung vorschreibt, ihre Einberufung durchaus nicht im Interesse der Gesellschaft liegt, der im Gegenteil manchmal daran gelegen sei, die Öffentlichkeit nicht auf Schäden aufmerksam zu machen, welche die Generalversammlung erörtern müsse, so bei der gesetzlich vorgeschriebenen Einberufung einer Generalversammlung bei Verminderung des Grundkapitals um mindestens die Hälfte. Auch sagt das Gesetz in § 253 Abs. a ausdrücklich, daß die Generalversammlung außer den im Gesetz oder Gesellschaftsvertrag bestimmten Fällen zu berufen sei, wenn das Interesse der Gesellschaft es erfordere. Zwischen den erörterten Ansichten stehen mehrere Mittelmeinungen. Die eine geht dahin, daß sich keine allgemeine Regel dafür aufstellen lasse, wann das Interesse der Gesellschaft die Einberufung der Generalversammlung erfordere, es sei vielmehr in jedem einzelnen Fall zu prüfen, wobei aber keineswegs entscheidend sei, daß es sich um wichtige, kostspielige und riskante Geschäfte handle.[88]) Eine andere, und zwar die herrschende Ansicht sagt, nur dann erfordere das Interesse der Gesellschaft die Einberufung der Generalversammlung, wenn es sich um ungewöhnliche Unternehmungen handle, die aus dem Rahmen des bisherigen Geschäftsbetriebes herausfielen.[89]) Dieser letzteren Ansicht muß man durchaus zustimmen. Mit Recht werfen ihre Vertreter dem Reichsgericht vor, daß seine Auffassung Undurchführbares verlange, die Geschäftstätigkeit der Gesellschaft lahm lege und die Erwerbstätigkeit zerstöre, daß bei großen industriellen und Bank-Aktiengesellschaften die Generalversammlung in Permanenz erklärt werden müsse, wenn man ihr gerecht werden wolle, da bei solchen Gesellschaften wichtige und kostspielige Geschäfte eben alltäglich seien, daß aber schon die Besprechung in dem großen Kreis der Generalversammlung diese Geschäfte für die Gesellschaft unmöglich mache. Zu Unrecht bringt man gegen die herrschende Ansicht vor, daß der Maßstab des Ungewöhnlichen bei Grenzfällen versage.[90]) Grenzfälle werden jedenfalls seltener sein als wenn man dem Reichsgericht folgt. Sollten sich aber Zweifelsfälle dennoch ergeben, so muß die Generalversammlung eben berufen werden.

Die Generalversammlung ist also zunächst mit Rücksicht auf das Interesse der Gesellschaft nur bei solchen Unternehmungen zu berufen, die Wesen und Grundlage des Betriebes berühren oder für die Gesellschaft nach ihrem Geschäftskreis außergewöhnlich sind, so z. B. bei Eintritt der Gesellschaft in ein Syndikat oder eine Interessengemeinschaft, Umwandlung des ganzen Betriebes, Finanzierung durch eine Bank usw.[91]) Außerdem muß der AR. die Generalversammlung dann — und zwar auch bei üblichen Geschäften — einberufen, wenn er glaubt, daß sie mit einem Geschäfte, von dem er Kenntnis bekommen hat, vielleicht nicht einverstanden sein werde, denn abgesehen von der Natur des Geschäftes hat die Gesellschaft natürlich ein Interesse daran, daß ein entgegenstehender Wille ihres obersten Organs nicht mißachtet werde.

d) Wird der AR. wegen Unterlassung der Einberufung einer Generalversammlung auf Schadenersatz in Anspruch genommen, so kann er nicht einwenden, daß die Generalversammlung, falls sie einberufen worden wäre, zugestimmt haben würde.[92]) Denn selbst Vernehmung sämtlicher Aktionäre als Zeugen würde nicht mit Bestimmtheit einen Schluß darauf zulassen, was die Generalversammlung nach eingehender Prüfung beschlossen haben würde.

e) Für die Form der Berufung der Generalversammlung durch den AR. gelten die auch sonst für die Berufung gegebenen Bestimmungen der §§ 255, 256 HGB. Sie hat demnach in der durch den Gesellschaftsvertrag bestimmten Weise und unter Wahrung der gesetzlichen Frist (s. S. 65) zu geschehen. Der Zweck der Generalversammlung soll bei ihrer Berufung bekannt gemacht werden (§ 256 HGB.).

f) Die Kosten einer vom AR. berufenen Generalversammlung hat die Gesellschaft zu tragen,[93]) denn der AR. handelt im Interesse der Gesellschaft und als ihr Organ.

2. Bei Übertragung von Namensaktien mit einem Nennwerte unter M. 1000.— wird die nach § 180 Abs. 3 HGB. erforderliche „Zustimmung der Gesellschaft" durch den AR. und die Generalversammlung erteilt (§ 222 Abs. 4 HGB.). Erfolgt die Zustimmung des AR. nicht, so ist die Übertragung nicht nur gegenüber der Gesellschaft, sondern überhaupt, also auch unter den Parteien selbst und Dritten gegenüber ungültig.[94])

Auch die Verpfändung von Aktien der genannten Art ist an die Zustimmung des AR. und der Generalversammlung gebunden (§ 1274 Abs. 2 HGB.).

3. Einfluß auf die Geschäftsführung der Aktiengesellschaft selbst erlangt der AR. durch die Bestimmung, daß der Vorstand, sofern Gesellschaftsvertrag oder Generalversammlung nicht etwas anderes bestimmen, einen Prokuristen nur mit Zustimmung des AR. bestellen darf. Bestellt der Vorstand einen Prokuristen ohne diese Zustimmung, so hat das allerdings Dritten gegenüber keine Wirkung, der Bestellte wird also Prokurist mit allen Rechtswirkungen nach außen, aber der Vorstand macht sich der Gesellschaft gegenüber verantwortlich.

Der Gesellschaftsvertrag kann jedoch die Bestellung von Prokuristen nicht dem AR. völlig übertragen,[95]) sonst könnte dieser durch Bestellung eines ihm genehmen Einzelprokuristen dem Vorstand praktisch seine Stellung als Vertretungsorgan sehr beschneiden, während er sich doch von solcher Vertretung nach außen so sehr fern halten soll, daß das Gesetz ausdrücklich seinen Mitgliedern sogar die dauernde Vertretung von Vorstandsmitgliedern untersagt.

Zum Widerruf der Prokura ist der Vorstand nicht nur mit Wirkung gegenüber dem Prokuristen und gegenüber Dritten ermächtigt, sondern auch im Innenverhältnis der Gesellschaft gegenüber. Das gilt selbst dann, wenn der AR. dem Gesagten zufolge der Erteilung der Prokura zustimmen mußte, es sei denn, daß er dem Vorstand den Widerruf ausdrücklich untersagt hat.[96]) Andererseits kann der AR., wenn die Erteilung der Prokura nur mit seiner Zustimmung zulässig war, vom Vorstand den Widerruf der Prokura, den er im Interesse der Gesellschaft für erforderlich hält, auch verlangen.[97])

4. Besteht der Vorstand aus mehreren Mitgliedern und ist nicht jedes Mitglied zur selbständigen Vertretung der Gesellschaft befugt, so kann der Gesellschaftsvertrag den AR. ermächtigen, einzelnen von ihnen die Befugnis zu erteilen, die Gesellschaft in Zukunft allein oder in Gemeinschaft mit einem Prokuristen zu vertreten (§ 233 Abs. 2 HGB.). Der AR. kann natürlich allen Mitgliedern des Vorstandes die Befugnis zur selbständigen Vertretung der Gesellschaft geben, er kann aber nicht bestimmen, daß alle Mitglieder des Vorstandes immer nur in Gemeinschaft mit einem Prokuristen vertretungsberechtigt seien, die Vorstandsmitglieder müssen vielmehr zusammen stets zur Vertretung der Gesellschaft befugt sein. Die Mitwirkung von Prokuristen kann nur dann in Frage kommen, wenn nicht der gesamte Vorstand zusammen handelt. Also wäre es ebenso unzulässig, wenn etwa der AR. einer Gesellschaft, deren Vorstand nur aus einer Person besteht, bestimmen wollte, daß diese an die Zustimmung eines Prokuristen gebunden sei. Es steht das zwar nicht im Gesetz, folgt aber aus der Eigenschaft des Vorstandes als des eigentlichen Vertretungsorgans der Aktiengesellschaft.[98])

C. Die Übertragung weiterer Verwaltungsgeschäfte an den Aufsichtsrat.

1. Im § 246 Abs. 3 HGB. wird bestimmt, daß dem AR. weitere Obliegenheiten durch den Gesellschaftsvertrag übertragen werden können. Von dieser Befugnis macht die Praxis den weitgehendsten und mannigfaltigsten Gebrauch. Es muß jedoch darauf hingewiesen werden, daß auf Grund ihrer dem AR. nicht etwa der Abschluß von Geschäften übertragen werden kann. Wohl kann der Abschluß bestimmter einzelner, ja sogar aller Geschäfte durch den Vorstand an seine vorherige Genehmigung geknüpft werden, ja es ist sogar zulässig, daß ihm die Bestimmung darüber, welche Geschäfte ausgeführt werden sollen, also die gesamte innere Geschäftsführung der Gesellschaft übertragen wird,[99]) so daß der Vorstand im Innenverhältnis nur als Vollziehungsbeamter des AR. erscheint, der nur das tun darf, was ihm dieser befiehlt. Es ist auch möglich, daß der Gesellschaftsvertrag den AR. ermächtigt, seinerseits durch besondere oder allgemeine Anordnungen zu bestimmen, welche Geschäfte vor dem Abschluß der Genehmigung durch ihn bedürfen.

Fehlt die erforderliche Genehmigung des AR., so ist das trotzdem vom Vorstand geschlossene Geschäft nach außen gültig,[100]) denn der Vorstand ist allein und unbeschränkt Vertreter der Aktiengesellschaft nach außen.

Die Genehmigung des AR. befreit nach richtiger Ansicht umgekehrt den Vorstand nicht von seiner Haftung, und zwar auf keinen Fall, wenn der Vorstand nach dem inneren Recht der Aktiengesellschaft zur Einholung der Genehmigung gar nicht verpflichtet war und nur vorsorglich den AR. befragt hat. Unterlag aber wirklich das Geschäft der Genehmigung des AR., so befreit ihre Erteilung den Vorstand nur von seiner Haftung gegenüber der Gesellschaft,[101]) nicht aber gegenüber Dritten.

2. Eine Ausnahme von dem Satze, daß dem AR. nicht der Abschluß von Geschäften übertragen werden kann, gilt hinsichtlich der Anstellung des Vorstandes, sie kann ihm zwar nicht auf Grund des § 246 Abs. 3

aber aus anderen Gründen (s. unten S. 58) übertragen werden. Dagegen bleibt es bei der Anstellung anderer Beamter der Gesellschaft bei der Regel, sie werden also stets vom Vorstand angestellt, ihre Anstellung kann aber an die Genehmigung des AR. geknüpft werden.

3. Auf Grund des § 246 Abs. 3 wird dem AR. in vielen Fällen die Berufung der Generalversammlung schlechtweg übertragen, so daß er diese Berufung in allen Fällen, nicht nur in denjenigen des § 246 Abs. 2 vorzunehmen hat.

4. Ferner wird dem AR. oft an Stelle der ihm nach dem Gesetz obliegenden bloßen Prüfung des Dividendenvorschlages (vgl. § 246 Abs. 1) die Abgabe dieses Vorschlags selbst an die Generalversammlung übertragen.

5. Als weiteres Beispiel einer Obliegenheit, die der Gesellschaftsvertrag dem AR. übertragen kann, sei die Bildung besonderer Reservefonds aus dem Reingewinn[102]) sowie die Verfügung über besondere Reservefonds[103]) z. B. besondere „Dispositionsfonds" des AR. zum Zwecke der Angestelltenfürsorge usw. erwähnt, jedoch kann dem AR. nicht die Verfügung über solche Reserven übertragen werden, die wie der gesetzliche Reservefonds ausschließlich oder doch mit zur Deckung von Verlusten der Gesellschaft dienen sollen.[104]) *)

§ 3. Der Aufsichtsrat bei Vertretung der Aktiengesellschaft.

I. Bei Rechtsgeschäften.

1. Einschränkung: Vertreter der Aktiengesellschaft bei Abschluß von Rechtsgeschäften ist der AR., wenn das Gesetz es ausdrücklich bestimmt (vgl. § 247 HGB.) oder

*) Zum Vorstehenden s. auch den während der Drucklegung erschienen Aufsatz von Flechtheim, „Die satzungsmäßige Befugnis des AR. zur Festsetzung von Abschreibungen und Rücklagen" in „Bank-Archiv" 1917 S. 371.

wenn er in Ausübung seiner gesetzlichen Obliegenheiten handelt, dagegen nicht auch in denjenigen Fällen, in denen der Gesellschaftsvertrag ihm (gemäß (§ 246 Abs. 3 s. S. 56) weitere Obliegenheiten zuweist. In diesem letzteren Fall hat vielmehr der AR. nur die Befugnis zur inneren Geschäftsführung.[105]) Soll er auch hier Vertretungsmacht nach außen haben, so muß eine Bevollmächtigung seitens des Vorstands erfolgen, die seinen Mitgliedern gegenüber ebenso gut wie bei beliebigen Dritten geschehen kann.

In den Fällen, in denen der Vorstand an die Genehmigung des AR. gebunden ist, sind seine Handlungen nicht nur trotz eines etwaigen Mangels derselben und trotz Fehlens einer etwa im Statut vorgeschriebenen Mitunterschrift eines AR-Mitgliedes[106]) gültig (S. 56), sondern auch umgekehrt Handlungen des AR. für die Aktiengesellschaft nicht bindend. Daß hiervon abweichend dem AR. durch den Gesellschaftsvertrag die Bestellung des Vorstandes (S. 56) übertragen werden kann[107]) folgt daraus, daß das Gesetz dem Gesellschaftsvertrag hinsichtlich der Art der Bestellung und der Zusammensetzung des Vorstandes ausdrücklich Freiheit läßt (§ 182 Nr. 4 HGB).

2. Gemäß § 247 HGB. ist der AR. befugt, die Gesellschaft bei der Vornahme von Rechtsgeschäften mit den Vorstandsmitgliedern, also z. B. für den Fall, daß ein Vorstandsmitglied mit der Gesellschaft einen Lieferungsvertrag abschließen will, zu vertreten. Teilweise wird behauptet, daß er zur Vornahme solcher Geschäfte ausschließlich befugt sei.[108]) Mit der herrschenden Ansicht ist jedoch davon auszugehen, daß an sich der Vorstand auch, soweit es sich um den Abschluß von Rechtsgeschäften der Gesellschaft mit seinen eigenen Mitgliedern handelt, Vertreter der Gesellschaft ist, daß er also namens der Gesellschaft rechtsgültig an sich selbst Zahlung (z. B. von Gehalt) leisten und umgekehrt eine eigene Verbindlichkeit gegenüber der Gesellschaft namens der letzteren durch Annahme der Zahlung zum Erlöschen bringen kann. Allerdings kann der AR. auch in allen den Fällen, in

denen an sich der Vorstand zur Vertretung befugt bleibt, selbst als Vertreter der Gesellschaft auftreten und das betreffende Geschäft mit dem Vorstand abschließen. Es wird sich das auch zur Vermeidung von Mißhelligkeiten oft empfehlen. Notwendiger Vertreter der Gesellschaft ist aber der AR. nur, wenn und soweit dem Vorstand das „Selbstkontrahieren" nach § 181 BGB. verboten ist.[109])

3. Als Vertreter der Aktiengesellschaft bei Ausübung seiner eigenen Obliegenheiten erscheint der AR. z. B. wenn er Revisoren oder sonstige Hilfspersonen zu seiner Unterstützung benutzt und diesen die Ausführung bestimmter Prüfungsarbeiten überträgt. Das tut er zwar zum Zwecke der besseren Durchführung der ihm obliegenden Verrichtungen aber im Interesse der Gesellschaft. Es muß ihm daher auch möglich sein, dabei namens der Gesellschaft aufzutreten und sie zur Zahlung des Honorars zu verpflichten.[110])

4. Der AR. als solcher ist Vertreter der Gesellschaft in den erörterten Fällen, es ist also jedesmal gemeinschaftliches Handeln sämtlicher AR.-Mitglieder[111]) und bei schriftlicher Erledigung der betreffenden Geschäfte Unterschrift aller erforderlich. Es ist jedoch möglich und üblich, ein einzelnes Mitglied zur Vornahme der betreffenden Handlungen namens des gesamten AR. zu bevollmächtigten.[112]) In der Regel wird man in der Wahl zum Vorsitzenden des AR. die Bevollmächtigung zur Vornahme sämtlicher zur Ausführung der AR.-Beschlüsse erforderlichen Handlungen erblicken, auch soweit die Beschlüsse sich auf die Vornahme von Rechtsgeschäften für die Gesellschaft beziehen.

5. Die Vertretung der Aktiengesellschaft durch den AR. kann auch durch konkludente Handlungen erfolgen, braucht also nicht immer ausdrücklich zu geschehen. So wird man dann, wenn der nach dem Gesellschaftsvertrag zur Bestellung des Vorstandes befugte AR. jemand als Vorstandsmitglied im Amte läßt, der von einer dazu nicht befugten Stelle engagiert wurde, annehmen müssen, daß er stillschweigend diese Bestellung gebilligt habe.[113])

6. Handelt der AR. ohne nach dem Gesagten Vertretungsmacht zu haben, trotzdem namens der Gesellschaft, so findet § 179 HGB. Anwendung, er haftet demnach selber dem Vertragsgegner, und zwar regelmäßig nach dessen Wahl auf Erfüllung oder Schadensersatz, ausnahmsweise, d. h. wenn er den Mangel seiner Vertretungsmacht selber nicht gekannt hat, nur auf Ersatz des „Vertrauensschadens", d. h. desjenigen Schadens, den der Gegner gerade dadurch erlitten hat, daß er auf das Vorliegen der tatsächlich nicht vorhandenen Vertretungsmacht vertraut hat. Diese Haftung greift jedoch nicht Platz, wenn der Gegner seinerseits den Mangel der Vertretungsmacht kannte oder kennen mußte. Da nun jeder den Mangel seiner Gesetzesunkenntnis selber tragen, also sich auch seine Unkenntnis der gesetzlichen Befugnisse eines AR. anrechnen lassen muß, so haftet der AR. demnach in allen denjenigen Fällen nicht, in denen die Annahme des Vertragsgegners von der Vertretungsmacht des AR. nach dem soeben Gesagten mit dem Gesetz und dem Gesellschaftsvertrage nicht übereinstimmt. Praktisch werden kann also eine eigene Haftung des AR. nur dann, wenn er in dem Vertragsgegner den Glauben erweckt hat, er habe eine besondere Vollmacht der Gesellschaft zum Abschluß des betreffenden Geschäftes.

II. Der Aufsichtsrat als Prozeßvertreter der Geschaft.

1. **bei Aktivprozessen.** Bei Prozessen, welche die Generalversammlung gegen Mitglieder des Vorstandes zu führen beschließt, vertritt der AR. die Gesellschaft, da ja der Vorstand hier als Vertreter wegfällt (§ 247 Abs. 1). Das gilt für Prozesse jeglicher Art, mögen sie sich nun auf die Tätigkeit des Vorstands als solchen beziehen oder irgendeinen anderen Grund haben, der mit der Eigenschaft des Vorstands als Organ der Gesellschaft gar nichts zu tun hat. Nur wenn Ansprüche geltend gemacht werden, welche der Gesellschaft gegen Vorstandsmitglieder aus der Gründung zustehen, kann die Generalversammlung zur Führung der Prozesse be-

sondere Vertreter wählen (§ 247 Abs. 2). Sie wird das regelmäßig tun, da die Pflichten der Mitglieder von AR. und Vorstand bezüglich Prüfung des Gründungsherganges die gleichen sind.

Die Prozesse, bei denen der AR. Vertreter der Gesellschaft sein will, müssen von der Generalversammlung ausdrücklich beschlossen sein. Ohne einen solchen Beschluß ist der AR. nicht zur Klage legitimiert, er soll eben, wenn er Vorstandsmitglieder zu tadeln hat, sich erst immer an die Generalversammlung wenden. Ausnahmsweise kann der AR. auch ohne, sogar gegen einen Beschluß der Generalversammlung gegen Vorstandsmitglieder klagen, wenn es sich nämlich um die Verantwortlichkeit seiner eigenen Mitglieder handelt (§ 247 Abs. 2, s. S. 27 u. 22). Das Klagerecht steht stets, auch im letzteren Fall, dem AR. als solchen, nicht seinen einzelnen Mitgliedern zu. Im Rubrum der Klageschrift sind alle Mitglieder des AR. aufzuführen. Die Prozeßvollmacht muß von allen Mitgliedern des AR. erteilt und, soweit ihr schriftlicher Nachweis nötig wird, von allen unterzeichnet werden, es sei denn, daß ein einzelnes Mitglied (etwa der Vorsitzende) nach dem Gesellschaftsvertrag die Erklärungen allein zu unterzeichnen hat. Der AR. ist nicht blindlings verpflichtet, alle von der Generalversammlung beschlossenen Prozesse zu führen, denn das Gesetz erklärt ihn zu einer solchen Prozeßführung nur für „befugt", freilich hat er unter seiner eigenen Verantwortlichkeit auch selbst zu prüfen, ob die Klageerhebung geboten und zweckmäßig ist.

Die Bestimmungen über die Anstrengung von Prozessen für die Gesellschaft sind nicht ausdehnend auszulegen, da ja der AR. eben nur ausnahmsweise und nur, soweit das Gesetz es ausdrücklich sagt, also bei solchen Klagen zwischen Gesellschaft und Vorstandsmitgliedern, bei denen die letzteren Beklagte, nicht auch, wenn sie Kläger sind, Vertreter der Aktiengesellschaft ist. Während ferner der Vorstand in denjenigen Fällen, in denen nicht die Generalversammlung die Erhebung der Klage beschließt, auch gegen seine eigenen Mitglieder die Klage namens der Gesellschaft erheben kann, vorausgesetzt, daß er nicht durch das Ausscheiden der zu Verklagenden beschlußunfähig wird, steht dem AR. ein Klagerecht gegen seine eigenen Mitglieder nicht zu.

2. **Bei Passivprozessen.**

a) Gesamtvertretung der Gesellschaft durch Vorstand und AR. Die Anfechtungsklage gegen Beschlüsse der Generalversammlung (S. 22) wird erhoben gegen die Gesellschaft als Beklagte. Diese wird vertreten durch den Vorstand und den AR. zusammen. Beide Organe als solche sind also mit der Gesamtvertretung beauftragt,[114]) sämtliche Mitglieder beider Organe müssen im Klagerubrum genannt werden. Bei Auslassungen hat das Gericht auf Vervollständigung hinzuwirken, darf aber die Klage, da es sich nur um Sollvorschriften (§§ 130 Ziff. 1, 253 Abs. 4 ZPO.) handelt; wegen der Unvollständigkeit nicht abweisen.[115]) Beide Organe können nicht etwa verschiedene Prozeßhandlungen vornehmen.[116]) So kann z. B. eine Berufung oder Revision nicht lediglich vom Vorstand oder AR. sondern nur von beiden zusammen eingelegt werden.[117]) Ferner können AR. und Vorstand nicht verschiedenen Anwälten Prozeßvollmacht erteilen, sondern müssen den gleichen Anwalt nehmen. Ebenso muß ein Eid sämtlichen Mitgliedern des Vorstandes und des AR. zugeschoben bzw. von ihnen zurückgeschoben werden; nur wenn der Eid die eigenen Handlungen einiger oder eines der Mitglieder des Vorstandes oder AR. betrifft, ist derselbe von den übrigen nicht zu leisten (vgl. §§ 472, 474 ZPO.). Wird ein Generalversammlungsbeschluß angefochten, der die Abberufung aller oder einzelner AR.-Mitglieder ausspricht, so ist nicht der alte, sondern der neue AR. passiv bevollmächtigt, denn der angefochtene Beschluß hat zunächst d. h. bis zum Erlaß eines der Klage stattgebenden Urteiles Gültigkeit.[118])

b) **Der Aufsichtsrat als alleiniger Vertreter der Gesellschaft.** In einigen Fällen ist der AR. allein, d. h. ohne den Vorstand, zur Vertretung der Gesellschaft berufen. So z. B. wenn der Vorstand als solcher gemäß § 271 Abs. 4 gegen die Gesellschaft Klage erhebt, also einen Generalversammlungsbeschluß anficht, um eine Bestrafung oder eine Haftung gegenüber den Mitgliedern der Gesellschaft zu vermeiden.

Ebenso hat der AR. die Gesellschaft zu vertreten, wenn sämtliche Mitglieder des Vorstandes entweder als Aktionäre oder wiederum gemäß § 271 Abs. 4, nunmehr aber einzeln klagen.[119]) Wird dagegen die Klage nur von einigen (nicht von sämtlichen) Mitgliedern des Vorstandes erhoben und bleibt dieser selbst beschlußfähig, so scheiden nur die klagenden Mitglieder aus ihm aus. Wird jedoch der Vorstand beschlußunfähig, so scheidet wieder der ganze Vorstand aus, die übriggebliebenen Mitglieder bleiben nicht Vertreter neben dem AR., der letztere ist vielmehr auch in diesem Fall Alleinvertreter der Gesellschaft.[120])

c) **Ausscheiden des Aufsichtsrats aus der Vertretung.** Machen sämtliche Mitglieder des AR. von dem ihnen in § 271 Abs. 4 gegebenen Rechte der Erhebung einer Anfechtungsklage in denjenigen Fällen, in denen sie sich bei Ausführung des betreffenden Generalversammlungsbeschlusses den Gläubigern der Gesellschaft gegenüber haftbar machen würden, Gebrauch, so scheidet der AR. ebenso wie wir das in gleicher Lage vom Vorstand sagten, als Vertreter der Gesellschaft naturgemäß aus. Das Gleiche gilt ferner auch dann, wenn soviele seiner Mitglieder die Klage erheben, daß er beschlußunfähig wird. Bleibt er jedoch beschlußfähig, so scheiden wieder nur die klagenden Mitglieder aus.

Fällt nach dem Gesagten der AR. als Vertreter der Gesellschaft weg, so gebührt dem Vorstand allein die Vertretung der Gesellschaft. Hat nach dem Vorstehenden nicht nur der AR. sondern auch der Vorstand als Vertreter auszuscheiden, so hat das Registergericht in entsprechender Anwendung des § 29 BGB. für den Prozeß einen besonderen Vertreter zu bestellen.[121])

Drittes Kapitel.

Aufsichtsrat und Generalversammlung.

§ 1. Einberufung und Leitung der Generalversammlung.

a) Die Einberufung der Generalversammlung durch den AR. muß — wie wir schon fanden (S. 50) — dann erfolgen „wenn dies im Interesse der Gesellschaft erforderlich ist". Abgesehen hiervon trifft aber der Gesellschaftsvertrag oft die Bestimmung, daß der AR. oder sein Vorsitzender die Generalversammlung in allen erforderlichen Fällen einzurufen hat, jedoch kann der AR. nie zur Einberufung gezwungen werden, und zwar weder für den Fall, daß ihm dieselbe durch den Gesellschaftsvertrag übertragen ist, noch in den Fällen des § 246 Abs. 2.[122])

Die Einberufung muß auf einen angemessenen Zeitpunkt geschehen, sie darf also ohne triftige Gründe nicht auf einen Sonn- oder Feiertag oder auf eine Nachtstunde erfolgen, sonst unterliegen die in der Versammlung gefaßten Beschlüsse der Anfechtung. Als Ort, an dem die Generalversammlung abzuhalten ist, hat regelmäßig — wenn also der Gesellschaftsvertrag nichts anderes bestimmt — der Sitz der Gesellschaft zu gelten.[123]) Man wird es jedoch auch zulassen können, daß eine größere Stadt in der Nähe gewählt wird.[124])

Die Form der Einberufung ist im Gesellschaftsvertrag festzulegen (§ 182 Nr. 5). Bei der Bekanntmachung ist der Zweck der Versammlung anzugeben (§ 256 Abs. 1). Von dieser Vorschrift kann auch der Gesellschaftsvertrag keine Abweichung treffen,[125]) doch kann die Angabe des

Zweckes der Generalversammlung innerhalb der Frist des § 256 Abs. 2, also mindestens eine Woche vor dem Tage der Generalversammlung nachgeholt werden. Die Angabe braucht nicht ins einzelne zu gehen, es genügt, daß jeder Aktionär erkennt, warum es sich handelt,[126]) so z. B. bei der Angabe „Feststellung der Jahresbilanz und der Dividende" „Entlastung von AR.-Mitgliedern". Nur bei beabsichtigten nicht lediglich formellen Änderungen des Gesellschaftsvertrages soll der „wesentliche Inhalt" der Änderungen erkennbar gemacht werden (§ 274 Abs. 2). Die einzelnen Möglichkeiten der Beschlußfassung brauchen natürlich niemals angegeben zu werden.[127])

Die Frist für die Einberufung der Generalversammlung bestimmt § 252 HGB. auf mindestens 2 Wochen, den Tag der Berufung und den der Versammlung selbst nicht mitgerechnet. Ist die Ausübung des Stimmrechts im Gesellschaftsvertrag von der Hinterlegung von Aktien bis zu einem bestimmten Zeitpunkt abhängig gemacht, so ist die Frist so zu bemessen, daß für die Hinterlegung mindestens 2 Wochen frei bleiben.

Die Einberufung kann widerrufen werden,[128]) jedoch muß der Widerruf von dem Einberufer bzw. den Einberufern selbst ausgehen. Der AR. kann also z. B. nicht eine vom Vorstand ergangene Einberufung rückgängig machen.

b) **Die Leitung der Generalversammlung.** Das Gesetz sagt nicht, daß die Generalversammlung einen Vorsitzenden haben müsse. Eine Ausnahme gilt nur für die Errichtungsversammlung, die für den Fall der Sukzessivgründung vorgesehen ist (§ 196 HGB.), sie findet unter Leitung des Gerichtes, also unter dem Vorsitz des Registerrichters statt. Das Gesetz nimmt jedoch als selbstverständlich an, daß ein Vorsitzender vorhanden ist, so spricht es in § 258 von ihm als einer stillschweigend vorausgesetzten Einrichtung. Die Bestimmung des Vorsitzenden kann durch den Gesellschaftsvertrag und wenn dieser keine Vorschrift darüber enthält, durch die Generalversammlung selbst geschehen, sie kann auch einer anderen Stelle, etwa dem AR. überlassen werden. Vorsitzender kann auch ein Nichtaktionär sein. In der Praxis ist der Vorsitzende des AR. und für den Fall seiner Behinderung sein Stellvertreter regelmäßig auch Vorsitzender der Generalversammlung.

Beschlüsse, die unter dem Vorsitz einer Person gefaßt werden, der das Amt nicht zusteht, sind anfechtbar.

Auch über die Eröffnung, Abhaltung und Schließung der Generalversammlung sagt das Gesetz nichts. Die Eröffnung kann jedenfalls nicht vor dem in der Einberufungsbekanntmachung angegebenen Zeitpunkt erfolgen. Etwa vor dieser Zeit gefaßte Beschlüsse sind, ohne daß eine Anfechtung erfolgen müßte, nichtig. Denn ehe die Zeit für die Generalversammlung gekommen ist, bilden die zusammen getretenen Aktionäre überhaupt keine Generalversammlung. Es müssen also nach Eintritt des richtigen Zeitpunktes sämtliche vorherigen Beschlüsse wiederholt werden. Die Eröffnung der Versammlung nach dem angegebenen Zeitpunkt ist unschädlich, wenn die Verspätung nicht eine so große ist, daß man annehmen muß, daß die etwa erschienenen Aktionäre sich in der Mehrzahl wieder entfernt haben.

Bei dem Mangel von gesetzlichen Regeln für die Abhaltung der Generalversammlung ist vielfach behauptet worden, daß dieselbe sich nach parlamentarischem Brauche zu richten habe. Einen feststehenden parlamentarischen Brauch gibt es jedoch in Deutschland bis heute nicht. Man wird daher annehmen müssen, daß es genügt, wenn für jede Beschlußfassung die Möglichkeit einer Diskussion vorhanden ist, in der neben der Mehrheit auch die Minderheit zu Worte kommt und daß den Aktionären die Beratung und Abstimmung in angemessener Weise ermöglicht wird.[129]) Für die einelnen Redner kann eine Höchstredezeit bestimmt werden, ebenso ist ein Schluß der Debatte nach genügender Erörterung möglich, doch dürfen der Aussprache nicht so enge Grenzen gesteckt werden, daß eine sachliche Erörterung unmöglich wird,[130]) sonst unterliegen die gefaßten Beschlüsse der Anfechtung wegen Verletzung des durch Gesetz gegebenen Stimmrechts.[131])

Bei erregten Streitigkeiten, wie sie namentlich in der letzten Zeit häufiger geworden sind, ist das Amt des Vorsitzenden der Generalversammlung besonders schwierig. Gerade dann hängt die ordnungsmäßige Erledigung der Tagesordnung ganz von seiner Überlegenheit und seinem Takte ab. Die Rechte des Vorsitzenden für solche Fälle sind vom Gesetze nicht festgelegt. Mit Pinner[132]) wird man aber sagen können, daß der Vorsitzende alle Rechte hat, die er zur Ausübung seines Amtes gebraucht. Insbesondere hat er eine Beschränkung und Verkürzung der Minderheitsrechte zu verhüten. Umgekehrt muß er aber auch die Mehrheit gegen eine allzudreiste und lungenstarke Minderheit oder gegen Einzelaktionäre schützen, die namentlich in letzter Zeit öfters eine Vergewaltigung der Generalversammlungen versucht haben. Zu diesem Zweck muß man ihm das Recht geben, die Störer zur Ordnung zu rufen, ihnen mit Wortentziehung zu drohen, ihnen das Wort wirklich zu entziehen und sie schließlich, wenn nötig, gewaltsam zu entfernen.[133])

§ 2. Die Mitglieder des AR. haben ein Recht auf Anwesenheit in der Generalversammlung auch soweit sie nicht den Vorsitz führen, ihre Anwesenheit ist aber für die Gültigkeit der in der Generalversammlung zu fassenden Beschlüsse nicht erforderlich. Eine Ausnahme gilt auch hier lediglich für die Errichtungsversammlung bei Sukzessivgründungen, in welcher der AR. sich neben dem Vorstand über die Ergebnisse der ihm in Ansehung der Gründung obliegenden Prüfung zu erklären hat (§ 196 HGB.).

§ 3. Ein eigentliches und wirkliches Recht auf Äußerung in der Generalversammlung haben die AR.-Mitglieder an sich nicht.[134]) Will aber die Generalversammlung Mitteilungen der AR.-Mitglieder nicht entgegennehmen, so kann die Gesellschaft auch keine Haftung dieser Mitglieder aus den in Betracht kommenden Umständen herleiten.

§ 4. **Pflicht des Aufsichtsrats zur Äußerung.**

a) Im allgemeinen. Natürlich soll mit dem Gesagten nicht behauptet werden, daß der AR. nicht die

Pflicht habe, in der Generalversammlung auf Mißstände aufmerksam zu machen, die er nicht selbst beseitigen oder zu deren Beseitigung er den Vorstand nicht veranlassen kann. Eine solche Pflicht trifft vielmehr jedes einzelne Mitglied des AR. Es genügt aber, daß der AR. den Versuch gemacht hat, die Generalversammlung aufzuklären, will sie nicht belehrt werden, so trifft ihn keine Verantwortung.

b) Eine besondere Äußerungspflicht trifft den AR. — wie erörtert (S. 36) — bei Sukzessivgründungen in der Errichtungsversammlung. Für andere Fälle ist eine Pflicht zur mündlichen Äußerung nicht ausdrücklich vorgeschrieben, sondern es genügt, wenn der Bericht über die Prüfung der Jahresrechnung, der Bilanz und des Dividendenvorschlags (§ 246 Abs. 1 Satz 3 s. S. 22) der Generalversammlung schriftlich vorliegt.

c) Beantwortung von Anfragen. Es besteht Streit, unter welchen Voraussetzungen und in welchem Umfang AR. und Vorstand in der Generalversammlung zur Auskunft über die Verhältnisse der Gesellschaft über abgeschlossene Geschäfte usw. verpflichtet sind, und zwar ist zunächst bestritten, wem gegenüber die Ankunftspflicht gegeben ist. Die einen halten AR. und Vorstand jedem einzelnen Aktionär gegenüber für auskunftspflichtig, weil derselbe nur dann von seinem Sonderrechte auf Aussprache und Abstimmung Gebrauch machen könne, wenn es ihm möglich sei, durch Anfragen an die Verwaltung der Gesellschaft sich die notwendigen Unterlagen für seine Ansichts- und Willensbildung zu schaffen.[135]) Das Reichsgericht hat dagegen[136]) in einer vielbesprochenen Entscheidung unter wohl begründeter Berücksichtigung der ganzen rechtlichen Konstruktion der Aktiengesellschaft wie der Rechte der einzelnen Aktionäre und mit Rücksicht auf die großen Gefahren, welche der Gesellschaft durch eine allgemeine Pflicht ihrer Organe, auf jede Frage eines einzelnen Aktionärs zu antworten, entstehen würden, dahin entschieden, daß AR. und Vorstand eine Auskunftspflicht nur gegenüber der Generalversammlung als solcher haben, nicht aber gegenüber den einzelnen Aktionären. Glauben sie also einem einzelnen Aktionär die Antwort versagen zu müssen, so kann derselbe einen Beschluß der Generalversammlung darüber herbeiführen, ob die Frage gestellt werden soll oder nicht. Lehnt die Generalversammlung die Fragestellung ab, so kann dieser Beschluß im Wege der Klage angefochten werden, wenn er gegen die guten Sitten verstößt oder wenn er einen groben Mißbrauch des Mehrheitsrechtes bedeutet. Man muß diesen vom Reichsgericht aufgestellten Grundsätzen trotz des Widerspruchs, den sie in Aktionärkreisen gefunden haben, rückhaltslos zustimmen. Die Gesellschaft würde jedem Feind, der sich, wenn auch nur vorübergehend, eine Aktie verschafft, ohne Gnade ausgeliefert sein, wenn AR. und Vorstand seine Fragen beantworten müßten. Der einzelne Aktionär hat kein Recht auf Mitverwaltung der Gesellschaft. Zutreffend sagt Simon (S. 17) in anderem Zusammenhang:

„denn Vorstand und AR. sind die einzigen, welche „rechtlich und moralisch verantwortlich sind; sie müssen „mit ihrem Namen und ihrem Vermögen für ihre Handlungen, ja für die Aktiengesellschaft einstehen, sie kümmern „sich dauernd um die Interessen der Gesellschaft, während der Generalversammlungsgänger, wenn er überhaupt wahrhaft Eigentümer einer Aktie ist, sie gestern „gekauft haben kann und morgen vielleicht weiterverkauft."

Inwieweit kann aber die Generalversammlung Aufklärung verlangen? Die einen behaupten, daß eine Auskunftspflicht nur im Rahmen der vom Gesetz besonders bestimmten Fälle bestehe[187]), andere legen der Generalversammlung das Recht bei, jede Auskunft und jeden Nachweis, auch die Vorlegung von Büchern zu verlangen, und zwar auch dann, wenn die Auskunft der Gesellschaft Schaden bringen kann.[188])

Dazwischen stehen mehrere Mittelmeinungen. Von diesen sagt die eine, die Auskunft müsse stets dann gegeben werden, wenn sie für die Beschlußfassung erforderlich sei.[139]) Dagegen geht die m. E. richtige, auch vom Reichsgericht gebilligte Ansicht dahin, daß die Auskunft dann nicht gegeben zu werden brauche, wenn sie der Gesellschaft Schaden bringen würde.[140])

In den Fällen, in denen nach dem Gesagten eine Auskunftspflicht besteht, ist die Folge der Auskunftsverweigerung Anfechtbarkeit der ohne die Unterlagen zustande gekommenen Beschlüsse.[141])

§ 5. Gesetzwidrige Beschlüsse darf der AR. weder selbst ausführen noch von dem Vorstand ausführen lassen. Tut er das doch, so trifft ihn zwar keine Haftung gegenüber der Gesellschaft, die sich ja durch ihr oberstes Organ einverstanden erklärt, ja selbst den Beschluß gefaßt hat, wohl aber haften möglicherweise seine Mitglieder den Gläubigern gegenüber (s. S. 22). Zur Vermeidung dieser Haftung genügt es nicht, wenn der AR. seine Ämter niederlegt. Er muß Anfechtungklage erheben, zu der in diesem Fall auch gegen den Willen der Generalversammlung seine sämtlichen Mitglieder (nicht aber der AR. als solcher) befugt sind (§ 271 Abs. 4 s. S. 27).

§ 6. An sich haben die AR.-Mitglieder in der Generalversammlung kein Stimmrecht, sondern nur, soweit sie auch Aktionäre sind, im letzteren Fall aber auch ebenso wie jeder andere Aktionär. In § 252 Abs. 3 HGB. heißt es lediglich, daß derjenige, der durch die Beschlußfassung entlastet oder von einer Verpflichtung befreit werden soll, selbst kein Stimmrecht habe und ein solches nicht für andere ausüben dürfe. Diese Bestimmung trifft ebenso gut auf den Vorstand wie irgendein anderes etwaiges Organ der Gesellschaft zu. Wegen ihrer Ausnahmenatur ist sie möglichst eng, jedenfalls nicht über ihren Wortlaut hinaus auszulegen. Danach können die Mitglieder des AR. nicht mitstimmen, wenn entsprechend dem regelmäßigen Verfahren in den Generalversammlungen die Entlastung des AR. als solchen zu Beschluß steht. Die Entlastung kann aber auf einzelne Mitglieder beschränkt werden, dann können die übrigen Mitglieder mitstimmen.[142]) Der Entlastung gleich steht der Fall, daß ein AR.-Mitglied durch die Abstimmung von einer Verpflichtung, gleich welcher Art, befreit werden soll. Es können also z. B. bei Vergleichen zwischen der Gesellschaft und AR.-Mitgliedern hinsichtlich der der Gesellschaft gegen die letzteren zustehenden Ansprüche aus der Gründung (§ 205 HGB. s. S. 45) die übrigen, an dem Vergleich nicht beteiligten AR.-Mitglieder mitstimmen.[143])

Das den AR.-Mitgliedern etwa zustehende Aktionärstimmrecht ruht ferner, wenn der Beschluß die Einleitung oder Erledigung eines Rechtsstreites zwischen der Gesellschaft und dem betreffenden Mitglied zum Gegenstand hat, wenn also etwa über die Frage abgestimmt werden soll, ob ein Mitglied wegen Verletzung seiner Pflichten in Anspruch zu nehmen ist. Endlich dürfen AR.-Mitglieder von ihrem Aktionärstimmrecht keinen Gebrauch machen, wenn es sich um den Abschluß eines Rechtsgeschäftes mit der Gesellschaft handelt. Sollen die Gesellschaftsorgane aber nur ermächtigt werden, ihrerseits das Geschäft zu schließen, so ist das AR.-Mitglied, das als Vertragsgegner in Aussicht genommen ist, stimmberechtigt.[144]) Gemeint sind unter den Rechtsgeschäften, für deren Beschluß dem Aktionär, mit welchem sie abgeschlossen werden sollen, das Stimmrecht versagt wird, ferner nur Geschäfte, bei denen — wie bei Lieferungsgeschäften usw. — die betreffenden Aktionäre der Gesellschaft als Dritte wie irgend sonstige Außenstehende gegenüber treten. Dagegen ist das Stimmrecht der AR.-Mitglieder bzw. derjenigen, die es werden wollen, nicht ausgeschlossen bei den Beschlüssen über ihre Wahl und Bestellung (s. S. 10 f.),[145]) deren Widerruf (s. S. 14)[146]) sowie über Änderung ihres Anstellungsvertrages, ihrer Bezüge und dgl.[147]) Wollte man hier den Aktionär deshalb, weil er AR.-Mitglied ist, von der Beschlußfassung ausschließen, so würde man unter Umständen die Gesellschaft der Minderheit ausliefern, sind doch gerade die Personen, deren Wahl zu AR.-Mitgliedern in Frage steht, meist durch großen Aktienbesitz mit dem

Wohl und Wehe der Aktiengesellschaft enger als andere Aktionäre verknüpft. Die Praxis und jetzt auch einstimmig die Literatur[148]) und Rechtsprechung geben daher dem Aktionär in den bezeichneten Fällen das Stimmrecht.

In allen Fällen, in denen ein Aktionär von der Abstimmung ausgeschlossen ist, gilt das nach ausdrücklicher Vorschrift nicht nur für seinen eigenen Aktienbesitz, sondern er kann ein Stimmrecht auch nicht für andere ausüben.

Veräußert jemand Aktien, für die ihm nach dem Gesagten kein Stimmrecht zusteht, zu dem Zwecke und in der Erwartung, daß der Erwerber in seinem Sinne und Interesse stimmen werde, so ist eine solche Veräußerung an sich durchaus nicht unzulässig, ja oft für den Besitzer einer Aktienmehrheit das einzige Mittel, um einer Vergewaltigung durch die Minderheit zu entgehen. Natürlich darf die Veräußerung nicht nur zum Schein, dagegen wohl unter einer Bedingung oder Befristung, also mit der Vereinbarung eines späteren Rückfalles an den früheren Besitzer geschehen. Gegen die guten Sitten verstoßend und deshalb nichtig ist sie nur dann, wenn der Erwerber auf eine bestimmte Abstimmung ausdrücklich verpflichtet werden soll, denn darin würde eine unzulässige Beschränkung des Stimmrechtes liegen.[149])

§ 7. **Für den Aufsichtsrat bedeutsame Beschlüsse der Generalversammlung.**

Die Bedeutung der Beschlüsse über die Bestellung als AR.-Mitglied sowie über die Abberufung von diesem Amte wurde schon erörtert (s. S. 9. 14).

a) Der Beschluß, durch den die Bilanz genehmigt wird, enthält noch keine Entlastung des AR. Bilanzgenehmigung und Entlastung sind vielmehr wohl zu unterscheiden.[150]) Die Bilanz kann richtig sein, ohne daß die Generalversammlung dem AR. Entlastung erteilen müßte. Umgekehrt kann möglicherweise kein Anlaß zur Verweigerung der Entlastung vorliegen, obschon die Bilanz in einzelnen Teilen zu berichtigen ist, wenn auch allerdings der Anspruch auf Entlastung an die Vorlage einer ordnungsmäßigen Bilanz geknüpft ist. Die

Unterscheidung zwischen Bilanzgenehmigung und Entlastung hat auch deshalb Wert, weil wir ja fanden, daß die AR.-Mitglieder beim Entlastungsbeschluß regelmäßig kein Stimmrecht haben, während das beim Bilanzgenehmigungsbeschluß doch der Fall ist. Die in der Praxis vorkommende Vereinigung von Bilanzgenehmigung und Entlastung ist daher auf Verlangen der AR.-Mitglieder zu trennen.

Der Entlastungsbeschluß bedeutet einen Verzicht auf etwaige Ansprüche.[151]) Seine Wirksamkeit ist allerdings an die Ordnungsmäßigkeit der Vorlagen an die Generalversammlung geknüpft.[152])

Nach dem Reichsgericht[153]) und der fast einstimmigen Ansicht der Literatur[154]) bezieht der Entlastungsbeschluß sich nur auf solche Umstände, die der Generalversammlung aus den an sie geschehenden Vorlagen erkennbar seien.[155]) Auf die private Kenntnis einzelner Aktionäre kommt es nach dieser Auffassung nicht an.*) Mit Recht hält Simon (S. 221) unter eingehender Würdigung des Geschäftsbereiches der Generalversammlung dem entgegen, daß das Gesetz ihr die Bilanzgenehmigung und Entlastung überwiesen habe „trotzdem es selbst davon ausgeht, daß ihr nicht nur die Fähigkeit zur Prüfung eines großen Teiles der Unterlagen für diese Beschlüsse mangelt, sondern daß eine solche Prüfung sogar den Lebensinteressen der Gesellschaft zuwider laufe. Deshalb sind ihr in dem AR. ein notwendiges und in den Revisoren ein ihrer Willkür überlassenes Organ beigeordnet, dessen sie sich bedienen muß oder kann, wenn sie die Unterlagen für ihre Entschließung gewinnen will. Wenn sie auf Grund dieser Prüfung die Bilanz genehmigt oder die Entlastung erteilt, so kann die Wirksamkeit dieser Erklärung nicht deshalb angefochten werden, weil die Generalversammlung nicht selbst die zur Vorbereitung der Entschließung nötige Prüfung vorgenommen habe und nicht selbst mit den Einzelheiten der Rechnung und ihrer Unter-

---

*) Nach einer neuerlichen RG.-Entscheidung (Jur.Woch. 1917, S. 657) bezieht sich die durch Urteil ausgesprochene Entlassung dagegen auf alle — auch die nicht besonders festgestellten — Umstände.

lagen bekannt gewesen sei. Die Gesellschaft hat durch die zuständigen Organe die Bilanz genehmigt und die Entlastung erteilt: die Gesellschaft kann daher auch nicht den Einwand erheben, daß sie ohne Prüfung aller Unterlagen die Bilanzgenehmigung und Entlastung ausgesprochen habe." Immerhin wird man mit der herrschenden Ansicht wegen ihrer Billigung durch das Reichsgericht in der Praxis rechnen müssen. Zu beachten ist aber, daß in einem Fall auch nach der herrschenden Ansicht sich die Entlastung auf in der Generalversammlung nicht erkennbare Tatsachen erstreckt. Wenn nämlich die Versammlung von ihrem Recht, Revisoren zu bestellen, Gebrauch macht, dann soll auch das, was für diese aus den Unterlagen erkennbar war, als durch die Entlastung gedeckt gelten.[156])

Wie jede andere Verzichterklärung so kann auch der Entlastungsbeschluß nicht einseitig zurückgenommen oder widerrufen,[157]) wohl aber nach den allgemeinen Regeln, insbesondere also wegen Irrtums oder Betruges angefochten werden.[158]) Eine Form hierfür ist nicht vorgeschrieben. Hat also z. B. die Generalversammlung Entlastung auf Grund irreführender oder direkt falscher Angaben erteilt, so ist in der nach Erkenntnis der Unrichtigkeit geschehenen Erhebung von Ansprüchen eine Anfechtung des Entlastungsbeschlusses zu erblicken.

Die Generalversammlung kann auch die Entlastung von vornherein unter Vorbehalt geben, also etwa von der Nachbringung weiterer Unterlagen abhängig machen.

Auf die Entlastung haben die Mitglieder des AR. einen klagbaren Anspruch gegen die Gesellschaft (s. S. 81).

b) Abgesehen von den erwähnten Beschlüssen ist für die AR.-Mitglieder natürlich von besonderem Interesse der Beschluß über die Festsetzung ihres Gewinnanteils. Bei seiner Abfassung sind sie nach dem Gesagten, soweit sie Aktionäre sind, ebenfalls stimmberechtigt.[159])

Viertes Kapitel.

Die Geschäftsführung innerhalb des Aufsichtsrats.

Vorbemerkung: Wir fanden, daß der AR. als solcher und — wenn ihnen auch einzelne Pflichten auferlegt sind — nicht seine einzelnen Mitglieder, Organ der Aktiengesellschaft ist. Jedoch ist nicht erforderlich, daß er sich als Organ besonders konstituiert, insbesondere braucht das nicht zu feierlichem gerichtlichem oder notariellem Protokoll zu geschehen, wie man es in der Praxis manchmal findet. Immerhin aber erfordert das Tätigwerden des AR. als Organ bestimmte Regeln, nach denen in seinem Kreise die Beratung und Beschlußfassung zu geschehen hat.

§ 1. In der Praxis hat der AR. — was das Gesetz nicht ausdrücklich verlangt — stets einen Vorsitzenden und meist daneben auch einen stellvertretenden Vorsitzenden. Der Vorsitzende ist nicht etwa gesetzlicher Vertreter des AR., er ist also zu bindenden Erklärungen für ihn nur dann befugt, wenn ihn die Satzung dazu ermächtigt, oder wenn der AR. durch seine einzelnen Mitglieder ihn bevollmächtigt. Wohl aber ist der Vorsitzende nach einstimmiger Ansicht als zur Bekanntgabe der Beschlüsse des AR. an die Beteiligten befugt zu betrachten. Umgekehrt kann er auch Mitteilungen für den AR. (so z. B. Mandatsniederlegungen) entgegennehmen, überhaupt alles das tun, was der Vorsteher eines Kollegiums möglicherweise zu tun hat.[160]) Jedoch pflegt die Satzung die Machtbefugnisse des Vorsitzenden genau festzulegen.

§ 2. Auch über die Art und Weise in der der AR. seine Beschlüsse zu fassen hat, sagt das Gesetz nicht das Geringste. Jedenfalls sind — wenn die Satzung es nicht verlangt — formelle Sitzungen nicht nötig, es genügt vielmehr, wenn sich die Mitglieder anderweitig verständigen und ihnen allen nur Gelegenheit gegeben wird, sich zu äußern.[161])

Die Frage, ob allen Mitgliedern vor der Sitzung der Zweck derselben mitgeteilt werden müsse, hat das Kammergericht bejaht.[162]) Es stützt sich dabei auf § 28 BGB. Die Anwendung dieser für den Verein gegebenen Vorschrift auf den AR. der Aktiengesellschaft dürfte jedoch nicht angebracht sein. Es erscheint zudem unpraktisch, die vorherige formelle Mitteilung der Tagesordnung der AR.-Sitzungen zu verlangen. Die Besprechung einer Angelegenheit bringt das Eingehen auf andere Dinge mit sich. Es wäre sehr unpraktisch, wenn man eine Beschlußfassung deshalb für nicht angängig halten wollte, weil den Mitgliedern diese letzteren Dinge nicht als Gegenstand der Beratung angegeben worden sind, und zwar um so mehr als in den Sitzungen des AR. nicht einfach die Mehrheit der anwesenden Mitglieder entscheidet, die nicht anwesenden Mitglieder vielmehr, wenn sich in der Sitzung noch keine Mehrheit ergibt, gehört werden müssen. Man wird daher eine formelle Mitteilung einer feststehenden Tagesordnung für die einzelnen Sitzungen nicht verlangen dürfen, es sei denn natürlich, daß die Satzung etwas anderes vorschreibt.[163])

Sind AR.-Sitzungen nach dem Gesagten überhaupt erforderlich, so müssen sich zu ihnen mindestens 3 Mitglieder zusammenfinden, die Satzung kann jedoch bestimmen, daß die Anwesenheit von nur 2 Mitgliedern genügt, denn wenn auch für den AR. eine Mindestzahl von 3 Mitgliedern vorgeschrieben ist, so braucht diese doch, um gültige Beschlüsse fassen zu können, nach dem Gesetz, wie wir fanden, überhaupt nicht zusammenzukommen.

Auch dritte, nicht zum AR. gehörende Personen können

— natürlich ohne beschließende Stimme — zu den Beratungen zugezogen werden, z. B. technische oder juristische Beiräte und Sachverständige.[164])

Ein Protokoll über die AR.-Sitzungen ist vom Gesetz nicht vorgeschrieben, die Satzung kann es aber vorsehen.

Die Stimmabgabe hat, mag sie nun in Sitzungen oder außerhalb solcher erfolgen, stets durch die einzelnen AR.-Mitglieder selbst zu geschehen. Eine Vertretung durch Dritte — mögen diese auch selbst dem AR. angehören[165]) — ist nicht möglich. Wohl kann das einzelne AR.-Mitglied seine Stimme durch einen Dritten abgeben lassen, so daß also dieser lediglich fremden Willen übermittelt, nicht aber die Stimme auf Grund eigenen Entschlusses abgibt.

Für die Beschlußfassung des AR. ist — abgesehen von dem Beschluß, der eine formelle Änderung des Gesellschaftsvertrages enthält (S. 45) — eine besondere Form nicht vorgeschrieben. Die Stimmabgabe kann mündlich oder schriftlich, durch die einzelnen Mitglieder persönlich oder durch Dritte erfolgen. Die Satzung kann natürlich eine bestimmte Form vorschreiben.

§ 3. Eine Arbeitsteilung ist im AR. möglich. Einzelnen Mitgliedern können besondere Verrichtungen zugewiesen werden. Gegenüber der Gesellschaft bildet der AR. aber immer ein einheitliches Organ. Ob dies Organ seine Pflicht erfüllt hat, wenn es eine einzelne Tätigkeit einem oder mehreren Mitgliedern, Ausschüssen, Kommissionen oder dgl. übertragen hat, ist Tatfrage, die meist zu bejahen sein wird, wenn die Beauftragten vertrauenswürdig sind und der AR. sich ordnungsmäßig von ihnen Bericht erstatten läßt.[166])

Fünftes Kapitel.

Die vertraglichen Beziehungen zwischen den Aufsichtsratsmitgliedern und der Gesellschaft.

§ 1. Rechtsnatur des Vertrages.

Ein Vertrag zwischen der Gesellschaft und ihren einzelnen AR.-Mitgliedern besteht immer, auch wenn er nicht ausdrücklich geschlossen wurde, denn die einzelnen AR.-Mitglieder und, wenn die Gesellschaft eine Vergütung zahlt, auch die letztere, sind sich bewußt, daß sie Rechtspflichten gegen einander übernommen haben. Wie wir fanden, daß Wahl und Bestellung praktisch zusammenfallen können, so ist in diesen beiden Akten in Verbindung mit ihrer stillschweigenden oder ausdrücklichen Annahme durch den Gewählten bzw. Bestellten, in allen Fällen, in denen keine sonstigen ausdrücklichen Vereinbarungen getroffen sind, gleichzeitig der Abschluß des bezeichneten Vertrages zu erblicken.

Parteien des Vertrages sind die Gesellschaft einerseits und das betreffende AR.-Mitglied andererseits. Es sind also soviel einzelne Verträge zu unterscheiden, als der AR. Mitglieder zählt, wenn auch bei derselben Gesellschaft alle diese Verträge den gleichen Inhalt zu haben pflegen.

Die Gesellschaft schließt die Verträge durch die Generalversammlung; das Gesetz sagt das zwar nicht ausdrücklich, aber es überträgt ihr doch die Wahl und die Bestellung der AR.-Mitglieder. Demnach liegt hier einer der Ausnahmefälle vor, in denen nicht der Vorstand, sondern die Generalversammlung die Gesellschaft vertritt.

Die AR.-Mitglieder erhalten regelmäßig für ihre Tätigkeit eine Vergütung von der Gesellschaft. Dann ist das Vertragsverhältnis ein „Dienstvertrag" d. h. ein Vertrag, bei welchem der eine Teil zur „Leistung der versprochenen Dienste, der andere Teil zur Gewährung der vereinbarten Vergütung verpflichtet ist" (§ 611 ff. BGB.). Gegenstand des Dienstvertrages können jegliche Dienste, auch solche, „höherer Art" bilden. Erhält das AR.-Mitglied keine Vergütung, so liegt ein „Auftrag" vor, d. h. ein Vertragsverhältnis, bei dem der Beauftragte verpflichtet ist, „ein ihm von dem Auftraggeber übertragenes Geschäft für diesen unentgeltlich zu besorgen" (§ 662 ff. BGB.). In beiden Fällen handelt es sich um „Geschäftsbesorgung" (§ 675 BGB).

Wie das Vertragsverhältnis zwischen der Gesellschaft und ihren AR.-Mitgliedern schon bei seiner Entstehung von der Wahl und der Bestellung d. h. der Übertragung des Amtes begrifflich zu unterscheiden ist, so ist es an sich auch unabhängig von dem Fortbestehen des Amtes. Wenn also die Generalversammlung ein AR.-Mitglied abberuft (s. S. 14) oder dieses sein Amt niederlegt (s. S. 15) oder wenn die Wahl mit Erfolg angefochten wird, so wird dadurch das Vertragsverhältnis nicht notwendig berührt. Seine Beendigung richtet sich vielmehr nach den Regeln des Bürgerlichen Gesetzbuches über Dienstvertrag oder Auftrag, je nachdem das AR.-Mitglied Anspruch auf eine Vergütung hat oder nicht. Liegt ein Auftrag vor, wird also keine Vergütung gezahlt, so kann das betreffende Mitglied sowohl wie die Gesellschaft jederzeit kündigen. Erfolgt die Kündigung allerdings „zur Unzeit", so entsteht eine Verpflichtung zum Ersatz des dem anderen Teile etwa entstandenen Schadens (§ 671 BGB.). Erhält das AR.-Mitglied — wie fast immer — eine Vergütung, so kann es regelmäßig nur bei Vorliegen eines „wichtigen Grundes" kündigen (§ 626 BGB.). Da jedoch die Tätigkeit der AR.-Mitglieder als Leistung von Diensten „höherer Art" zu betrachten ist, die „auf Grund besonderen Vertrauens übertragen zu werden pflegen“, so ist in den Ausnahmefällen, in denen jemand nicht für längere Zeit, sondern nur vorübergehend (etwa als Ersatzmann für ein kurz vor Beendigung seiner Amtszeit ausscheidendes Mitglied) das Amt verwalten soll und wenn er weiter auch keine „festen Bezüge“ (auch nicht in Form eines garantierten Mindestgewinnanteils) erhält, nach § 627 BGB. ebenfalls jederzeitige Kündigung möglich.

§ 2. Die vertraglichen Pflichten der Aufsichtsratsmitglieder gegenüber der Gesellschaft.

Auf Grund des soeben erörterten Vertragsverhältnisses sind die AR.-Mitglieder der Gesellschaft gegenüber verpflichtet, die Verrichtungen, die ihnen Gesetz und Gesellschaftsvertrag zuteilen, und wie sie ausführlich erörtert wurden, vorzunehmen.

Nun fanden wir allerdings, daß regelmäßig der AR. als solcher in Tätigkeit zu treten hat. Dann ist jedes einzelne Mitglied verpflichtet, seine Stimme und seinen Einfluß im AR. für die ordnungsmäßige Erfüllung der Obliegenheiten dieses Organs geltend zu machen.

§ 3. Die vertraglichen Rechte der Aufsichtsratsmitglieder.

A. **Allgemeines:** Über die vertraglichen Rechte der AR.-Mitglieder sagt das Handelsgesetzbuch nur sehr wenig, es beschränkt sich darauf, für den Fall, daß für die Tätigkeit eine Vergütung vereinbart ist, die in einem Anteil am Jahresgewinn besteht, in § 245 eine Vorschrift über die Berechnung dieses Anteiles zu geben, deren Auslegung dazu noch wegen ihrer schlechten Fassung heiß umstritten ist, und in demselben Paragraphen etwas über die Herabsetzung der satzungsgemäß festgelegten Vergütung des AR. zu bestimmen.

Es besteht jedoch kein Zweifel darüber, daß die AR.-Mitglieder von der Gesellschaft verlangen können, daß sie ihnen die Erfüllung ihrer Obliegenheiten nicht erschwert, sondern sie dabei nach Möglichkeit unterstützt, ihnen also z. B. auf Verlangen einen Raum für ihre Beratungen zur Verfügung stellt usw. Die AR.-Mitglieder haben ferner gegen die Gesellschaft einen klagbaren Anspruch darauf, daß ihnen nach ordnungsmäßiger Erledigung der ihnen obliegenden Verrichtungen nach Ablauf des jeweiligen Geschäftsjahres Entlastung erteilt wird.[167])

B. **Die Vergütung für die Aufsichtsratsmitglieder.**

1. Die Erstattung barer Auslagen wie Reisekosten usw. können die AR.-Mitglieder unter allen Umständen verlangen (§§ 670, 675 BGB.), und zwar auch neben der etwa für ihre Tätigkeit als solche vereinbarten Vergütung.

2. Ebenso kann für eine nicht im Rahmen der AR.-Verrichtungen liegende besondere Tätigkeit, also z. B. für die Führung von Prozessen seitens eines AR.-Mitgliedes, das Rechtsanwalt ist, eine besondere Vergütung verlangt werden, und zwar selbst, wenn das betreffende Mitglied seine Tätigkeit im übrigen unentgeltlich in den Dienst der Gesellschaft stellt.

3. **Die Vergütung für die Tätigkeit als Aufsichtsratsmitglied:**

a) **Allgemeines:** Die AR.-Mitglieder haben einen Anspruch auf Vergütung für ihre Tätigkeit nur dann, wenn das mit der Gesellschaft vereinbart ist. Die Vereinbarung braucht nicht ausdrücklich zu sein. Enthält z. B. der Gesellschaftsvertrag eine Bestimmung, daß dem AR. eine Vergütung gezahlt werde, so liegt in der Annahme des Amtes die stillschweigende Erklärung, daß das Amt natürlich nur unter der Voraussetzung übernommen werde, daß die Gesellschaft eine Vergütung zahlt. Enthält der Gesellschaftsvertrag keine Bestimmung, so ist erforderlich, daß die Generalversammlung eine Vergütung bewilligt, denn wir fanden, daß der Vertrag zwischen AR.-Mitglied und Gesellschaft für die letztere seitens der Generalversammlung geschlossen wird. Bewilligt auch die Generalversammlung keine Vergütung, so kann immer noch aus den besonderen Umständen des einzelnen Falles zu schließen sein, daß die Übernahme des Amts nur gegen Vergütung erfolgen soll, so z. B. wenn ein Bankier, der an der Gesellschaft kein eigenes Interesse hat und nur als ihr finanzieller Berater hinzugezogen wird, zum AR.-Mitglied genommen wird.[168])

Ist das Amt als AR.-Mitglied unentgeltlich übernommen, so kann allerdings die Generalversammlung nachträglich eine Vergütung gewähren.[169]) Verbietet der Gesellschaftsvertrag die Zahlung von Vergütung an den AR., so ist dazu seine vorherige Änderung nötig. Die Vergütung wird für die Gesamttätigkeit des AR.-Mitgliedes gezahlt. Hat das betreffende Mitglied also an einzelnen Sitzungen, Beratungen usw. nicht teilgenommen, so kann das nicht zum Anlaß einer Kürzung genommen werden.[170]) Selbst wenn das betreffende AR.-Mitglied überhaupt keine Tätigkeit ausgeübt hat, ist das an sich noch kein Grund zur Nichtzahlung der Vergütung, hinzukommen muß vielmehr, daß es zur Ausübung der ihm vertraglich obliegenden Verrichtungen vergeblich aufgefordert worden ist.[171])

b) Eine Herabsetzung der im Gesellschaftsvertrag festgesetzten Vergütung ist möglich, jedoch gemäß § 245 Abs. 2 nur im Wege vorheriger Abänderung desselben. Der Herabsetzungsbeschluß hat zunächst natürlich nur gesellschaftsrechtliche Wirkung, d. h. unter den Gesellschaftern und als Anweisung an den Vorstand. Die Herabsetzung wirkt aber auch gegenüber den AR.-Mitgliedern selbst, wenn mit ihnen keine besondere Vereinbarung getroffen ist, da die Annahme des Amtes ohne Vereinbarung einer besonderen Vergütung oder unter Bezugnahme auf den Gesellschaftsvertrag dahin zu verstehen ist, daß als Vergütung das gezahlt werden soll, was eben im Gesellschaftsvertrag bestimmt wird. Nur wenn eine besondere anderweitige Vereinbarung zwischen AR. und Generalversammlung getroffen ist, kann die Vergütung nicht einseitig durch die Generalversammlung herabgesetzt werden.

c) Für die Tätigkeit des AR. kann eine ziffernmäßig festgelegte Vergütung gezahlt, es kann aber auch ein Gewinnanteil vereinbart werden. Beide Arten kann man auch in der Weise vereinigen, daß entweder neben festen Bezügen ein Gewinnanteil gewährt oder daß, wie es meist der Fall ist, ein Gewinnanteil in bestimmter Höhe zugesichert wird.

d) **Beteiligung des Aufsichtsrats am Jahresgewinn.**

§ 245 HGB. bestimmt:

„Erhalten die Mitglieder des AR. für ihre Tätigkeit „eine Vergütung, die in einem Anteil am Jahresgewinn „besteht, so ist der Anteil von dem Reingewinn zu be„rechnen, welcher nach Vornahme sämtlicher Ab„schreibungen und Rücklagen sowie nach Abzug eines „für die Aktionäre bestimmten Betrages von mindestens „4 % des eingezahlten Grundkapitals verbleibt."

Diese Bestimmung ist zwingenden Rechts, wie schon im Reichstag, der sie eingefügt hat, betont wurde.

§ 245 Abs. 1 unterscheidet sich von dem für die Berechnung des Gewinnanteils des Vorstandes geltenden § 237 nur dadurch, daß bei dem Gewinnanteil des AR. von dem zugrunde zu legenden Reingewinn noch ein für die Aktionäre bestimmter Mindestgewinnanteil von 4 % abzuziehen ist, was bei der Berechnung der Anteile des Vorstandes nicht erforderlich ist. Im übrigen haben beide Bestimmungen den gleichen Sinn, insbesondere gehen sie von einem gleichen Begriff des „Reingewinnes" aus. Es spricht nicht der geringste Umstand dafür, daß das Gesetz mit diesem Worte in den beiden Bestimmungen zwei verschiedene Begriffe habe verbinden wollen. Einer solchen Annahme widerspricht schon der Umstand, daß beide in ihrer Fassung offenbar einander möglichst angepaßt sind. Ist aber unter Reingewinn in beiden Fällen das gleiche zu verstehen, so liegt kein Anlaß vor bei Berechnung des AR.-Gewinnanteils des AR. etwa den dem Vorstand gezahlten Gewinnanteil vorweg abzuziehen.[172]) Es mag dahingestellt bleiben, ob die Praxis — wie mancherseits behauptet wird — den Vorstandsgewinnanteil, nicht aber den des AR. als Unkosten ansieht. Es mag auch unerörtert bleiben, ob in der Praxis der Vorstandsgewinnanteil regelmäßig unter „Unkosten" gebucht wird, das Gesetz will jedenfalls beide von einem gleichen Reingewinn berechnet wissen, es betrachtet auch beide nicht als Unkosten, sondern denkt sich mit Bezug auf die Verteilung des Reingewinnes Aktionäre, Vorstand und AR. nebeneinander gestellt. Sowohl die Gewinnanteile des Vorstands wie die des AR. dürfen daher nach dem Gesetz nicht als Reingewinn mindernde Unkosten gebucht werden, sie belasten das Geschäftsjahr, für das der Reingewinn berechnet werden soll, überhaupt nicht, sondern stellen eine nach seinem Ablauf, nämlich erst nach Feststellung des Reingewinns entstehende, also auch buchmäßig erst für das folgende Jahr in Betracht kommende Schuld der Gesellschaft vor. An diesem für das Handelsrecht und die handelsrechtliche Bilanz gefundenen Ergebnis vermag auch der Umstand nichts zu ändern, daß steuerrechtlich bald sowohl die Gewinnanteile des Vorstandes wie des AR.[173]) bald doch wenigstens die Anteile des Vorstandes[174]) als das Geschäftsergebnis mindernde Unkosten betrachtet werden, denn die Steuergesetze gehen bei der Berechnung des Geschäftsergebnisses vom Standpunkt der Aktionäre aus, sie wollen nur das treffen, was den Aktionären verbleibt. Auch aus der zeitlichen Aufeinanderfolge, in welcher die Gewinnanteile des Vorstandes und des AR. berechnet zu werden pflegen, kann man keinen Schluß für die Richtigkeit der Behauptung ziehen, die Gewinnanteile des Vorstandes verminderten die Anteile des AR. Diese zeitliche Aufeinanderfolge ist vom Gesetz durchaus nicht vorgesehen und wird von den tatsächlichen Verhältnissen nicht verlangt. Es ist sehr wohl möglich, die Gewinnanteile des AR. zeitlich vor denjenigen des Vorstands zu bestimmen. Das Gesetz geht davon aus, daß beide gleichzeitig aus dem gleichen Reingewinn sich ergeben. Wenn das Oberlandesgericht Köln (vgl. Anm. 172), ohne eingehende Begründung zu einem anderen Ergebnis gekommen ist, so erklärt sich das vielleicht dadurch, daß in den letzten Jahren mehrere Gesellschaften tatsächlich dazu übergegangen sind, bei Berechnung der Gewinnanteile des AR. diejenigen des Vorstandes vorweg abzuziehen. Es dürfte das jedoch mehr infolge des allzulauten Gebahrens einzelner Aktionäre geschehen sein, die den hier verworfenen Standpunkt in Generalversammlungen zur Geltung brachten, als auf der Überzeugung von der Richtigkeit der nunmehr von diesen Gesellschaften eingeschlagenen Berechnungsweise beruhen.

Ist somit festgestellt, daß der Begriff des Reingewinns sowohl bei der Berechnung der Vorstands- wie der AR.-Gewinnanteile der gleiche ist, so muß doch noch gesagt werden, daß dieser Begriff selbst durchaus noch nicht absolut geklärt ist und zu einer ganzen Reihe von Streitfragen Veranlassung gegeben hat. Unter reichlichem Gebrauch von Schlagworten, namentlich unter der fortwährenden Betonung, daß AR. und Vorstand sich nach der bisherigen Weise „Tantieme von der Tantieme" berechneten, ist in letzter Zeit in den Generalversammlungen der seltsame Standpunkt vertreten worden, vor Berechnung der Gewinnanteile des Vorstands und des AR. müßten diese selbst in Abzug gebracht werden. Man hat das damit begründet, daß die Gewinnanteile eben Unkosten seien, die das Gewinnergebnis minderten, während sie nach dem Gesetz doch nur vom „Reingewinn" berechnet werden dürften. Logisch bedeutet es aber doch einen Widerspruch, eine Größe dadurch finden zu wollen, daß man sie von einer anderen Größe, in der sie enthalten ist, abzieht. Was man erst finden will, damit kann man nicht schon vorher operieren. Rechnungsmäßig läßt sich allerdings die hier bemängelte Berechnungsweise durchführen, wenn man die Gewinnanteile nicht als Prozente „vom Hundert", sondern „auf Hundert" berechnet. Kommt man dem praktischen Kaufmann mit Schlagworten wie „Tantieme von der Tantieme", so wird man ihn vielleicht einen Augenblick verleiten, der neu verfochtenen Berechnungsweise zuzustimmen, muß man ihm aber dann weiter sagen, daß er von nun an die Gewinnanteile als Prozente „auf

Hundert" errechnen müsse, so wird er, der diese Methode in der Mehrzahl der Fälle nur noch von der Schulbank her kennt, die Unrichtigkeit der neuen Lehre einsehen. „Anteile" sind im kaufmännischen wie auch im praktischen Leben stets Anteile „vom" Hundert. Ist etwas anderes gemeint, so muß das ausdrücklich gesagt werden.

Vergeblich führen auch die Neuerer ins Feld, daß es nach der alten Berechnungsweise vorkommen könne, daß sich Gewinnanteile des AR. zwar rechnerisch feststellen ließen, daß aber praktisch für ihre Verteilung nichts übrig bliebe. Das kann allerdings vorkommen, erklärt sich jedoch nicht aus der bisherigen Berechnungsart, sondern einfach daraus, daß vor Verteilung der AR.-Gewinnanteile eine Vordividende für die Aktionäre zu verteilen ist, die nicht, wie die Gewinnanteile, vom Reingewinn, also einer schwankenden Größe, sondern vom Grundkapital, also einem ein für allemal feststehenden, auch bei geringem Reingewinn sich nicht verkleinerndem Betrage abzuziehen ist. Die Anwendung dieser beiden ungleichen Berechnungsarten bringt es mit sich, daß die Verteilung des errechneten Gewinnanteils des AR. u. U. teilweise oder vielleicht auch ganz unterbleiben muß.

Als Reingewinn in Betracht kommt jedenfalls nur ein Teil des Jahresgewinnes. Auch dieser letztere Begriff ist in der Praxis bestritten, und zwar beziehen sich die Meinungsverschiedenheiten darauf, ob der Verlustvortrag des Vorjahres den Jahresgewinn mindert und der Gewinnvortrag des Vorjahres ihn vermehrt, und ferner, ob der Gewinnvortrag auf das nächste Jahr einzurechnen ist oder nicht. Daß der Verlustvortrag aus dem Vorjahre vor der Berechnung der Gewinnanteile abzuziehen ist, wird ernstlich heute nicht mehr bestritten. Bei der Behandlung des Gewinnvortrags scheiden sich jedoch die Geister. Die einen halten den aus dem Vorjahre stammenden Gewinnvortrag für abgabepflichtig und den neuen für frei,[175]) die anderen dagegen wollen den Gewinnvortrag aus dem Vorjahre vorweg in Abzug gebracht, die Gewinnanteile dagegen auch von dem

Gewinnvortrage auf das nächste Jahr mitberechnet wissen.[176])

Das Reichsgericht hat zu der Frage bisher keine ausdrückliche Stellung genommen. Es hat zwar in anderem Zusammenhang erklärt, daß der Vortrag als Reserve bezeichnet werden könne, es hat aber nicht gesagt, daß infolgedessen der Vortrag von dem Reingewinn des laufenden Jahres vor Berechnung der Gewinnanteile abzuziehen sei.[177]) Die Vertreter der Ansicht, daß der Gewinnvortrag auf das neue Jahr abzuziehen, der Gewinnvortrag aus dem Vorjahre dagegen abgabepflichtig sei, stützen ihre Ansicht auf die Behauptung, daß der Gewinnvortrag eine „Rücklage" im Sinne der §§ 237, 245 darstelle und daß er daher den Bestimmungen dieser Paragraphen entsprechend zu behandeln sei. Diejenigen, die den Gewinnvortrag auf das folgende Jahr für abgabepflichtig ansehen, und die dementsprechend den Gewinnvortrag aus dem alten Jahre für abgabefrei betrachten, bestreiten dagegen, daß der Gewinnvortrag überhaupt eine Rücklage sei. Tatsächlich wird man den Gewinnvortrag nicht als Rücklage zu betrachten haben, mag man nun mit Staub der Ansicht sein, daß das Gesetz mit diesem Ausdruck nur eine Verdeutschung des Wortes „Reservefonds" versucht habe oder mag man den Begriff „Rücklage" weiter fassen, denn jedenfalls ist der Vortrag rechnungsmäßig erst ein Ergebnis der Gewinnverteilung und nicht, wie die übrigen Rücklagen, eine vorgenommene Rückstellung, von der umgekehrt das Verteilungsergebnis erst abhängt.[178]) Die hier verworfene Ansicht, daß der alte Gewinnvortrag abgabepflichtig und der neue Gewinnvortrag abgabefrei sei, erfordert zudem praktisch sehr verwickelte Rechnungen, die nicht ohne mathematische Formeln möglich sind. Solche Formeln hat man verschiedentlich aufzustellen versucht,[179]) doch wird ihre Richtigkeit zum Teil wieder bestritten. Es ist aber nicht anzunehmen, daß der Gesetzgeber dem praktischen Kaufmann für die Verteilung des Gewinnes der Aktiengesellschaft die Verpflichtung zur Vornahme äußerst schwieriger Rechenexempel habe auferlegen wollen. Man wird also mit dem Oberlandesgericht Kiel annehmen müssen, daß das Gesetz unter Rücklagen in den §§ 237, 245 nur „eigentliche Reservefonds in der verkehrsüblichen Bedeutung“ versteht. Der Gewinnvortrag wird aber ganz allgemein als erster Aktiv-Posten des neuen Geschäftsjahres gebucht, während er nach § 261 Nr. 5 HGB. als Passiv-Posten zu buchen wäre, wenn er tatsächlich einen Reservefonds darstellte.

Steht aber einmal fest, daß ein Posten eine Rücklage darstellt, so ist er auch unter allen Umständen vor Berechnung der AR.- wie Vorstands-Gewinnanteile vorweg in Abzug zu bringen, denn es sind alle Rücklagen tantiemenfrei ohne Rücksicht darauf, ob sie durch Gesetz, Satzung oder Vertrag vorgeschrieben sind oder freiwillig durch die Generalversammlung beschlossen werden, ohne Rücksicht ferner darauf, ob sie schon bei der Aufstellung des Bilanzentwurfes vorgesehen waren, oder erst später von der Generalversammlung vorgenommen werden. Es ist jedoch zu beachten, daß nur solche Beträge als Rücklagen angesehen werden können, die im Eigentum der Gesellschaft verbleiben. Gehen sie in das Eigentum anderer über, so sind sie keine Rücklagen der Gesellschaft mehr. Aus diesem Gesichtspunkte ergibt sich für einzelne Fälle folgendes:

Zuwendungen an einen Dividenden-Ergänzungsfonds sind tantiemefrei, d. h. also, sie sind vor Berechnung der Gewinnanteile in Abzug zu bringende Rückstellungen.[180])

Bei Zuwendungen an Pensions- und Unterstützungs-Fonds ist zu prüfen, ob es sich um Kassen mit selbständiger Rechtspersönlichkeit handelt oder nicht, ob also die Beträge im Eigentum der Gesellschaft verbleiben oder ihr endgültig entzogen werden. Ist das letztere der Fall, so handelt es sich nicht um wirkliche Rücklagen, die Gewinnanteile sind also dann auch von diesen Zuwendungen mit zu berechnen, verbleiben die Beträge dagegen im Eigentum der Gesellschaft, so handelt es sich um wirkliche Rücklagen.[181])

Gratifikationen, Teuerungszulagen und sonstige Zuwendungen an Beamte und Angestellte, auf welche diese keinen Rechtsanspruch haben, sind in gleicher Weise als tantiemepflichtig zu betrachten, da sie nicht einer den Reingewinn mindernden Schuld der Aktiengesellschaft entsprechen.

Die durch Gesetz vom 24. Dezember 1915 zur Sicherung der Kriegsgewinnsteuer vorgeschriebene Kriegssteuer-Sonderrücklage stellt nach der herrschenden Ansicht eine Rücklage im Sinne der §§ 237, 245 dar,[182]) und zwar wird diese Ansicht darauf gestützt, daß die Sonderrücklage ein echtes Passivum sei, das einer Schuld der Gesellschaft gegenüber dem Reiche entspreche.

Zuwendungen an ein Aktien-Amortisations-Konto hält Staub nicht für tantiemepflichtig,[183]) während andere ihm entgegenhalten, daß er doch den Begriff „Rücklage" für gleichbedeutend mit „Reservefonds" halte, und daß er somit auch den Aktien-Amortisationsfonds als Rücklage im Sinne des § 245 behandeln müsse.[184]) Die Begründung Staubs, daß der Aktien-Amortisationsfonds lediglich vorübergehend von der Verteilung ausgeschlossen sein solle, wird man allerdings nicht gelten lassen können, da wir ja fanden, daß alle Rücklagen bei der Berechnung der Gewinnanteile abzuziehen sind.

Macht die Generalversammlung Rückstellungen in größerem Umfange als dies im Gesetz oder im Gesellschaftsvertrag vorgesehen ist, so kann der dadurch in seinem Dividendenrecht geschädigte Aktionär gegebenenfalls gegen den Beschluß Anfechtungsklage erheben. Dem AR. stehen jedoch hiergegen keine Rechtsbehelfe zu Gebote.[185])

Der Gewinnanteilsanspruch steht etwa nicht dem AR. als solchen, sondern seinen einzelnen Mitgliedern gegen die Gesellschaft zu. Ergeben die Bestimmungen des Gesellschaftsvertrages und die mit den Mitgliedern des AR. getroffenen Vereinbarungen nicht, welche Teile auf die einzelnen Mitglieder entfallen, so ist jedes einzelne Mitglied gleichmäßig berechtigt, so daß also jedes eine dementsprechende Forderung gegen die Gesellschaft geltend machen kann.[186])

Fällig wird der Tantiemeanspruch mit rechtsgültiger

Fassung des Beschlusses auf Verteilung der Dividende. Sollte ein solcher Beschluß nicht gefaßt werden, wie es möglicherweise dann geschieht, wenn zwar bilanzmäßiger Reingewinn vorhanden ist, die flüssigen Mittel aber nicht zu seiner Verteilung ausreichen, so wird der Anspruch mit der Fassung des Bilanzgenehmigungsbeschlusses wirksam.[187])

Im Konkurs der Aktiengesellschaft genießen die AR.-Mitglieder für ihren Gewinnanteilsanspruch nicht das Vorrecht des § 61 Nr. 1 der Konkursordnung, denn sie sind keine Personen, die sich zur Leistung von Diensten „verdungen" haben.[188])

Bei einer Zwangsvollstreckung gegen die AR.-Mitglieder als Schuldner ist deren Gewinnanteilsanspruch der Pfändung wie jede Forderung unterworfen, insbesondere wird dieselbe nicht durch § 850 Nr. 1 ZPO. ausgeschlossen, da die Tantieme keinen „Arbeit- oder Dienstlohn" darstellt.

e) Tantiemesteuer. Nach §§ 72, 73 Tarifstelle 9 des Reichsstempelgesetzes vom 3. VII. 1913 unterliegen die „den zur Überwachung der Geschäftsführung bestellten Personen (Mitgliedern des AR.s)" von Aktiengesellschaften, Kommanditgesellschaften auf Aktien und Gesellschaften mit beschränkter Haftung seit der letzten Bilanzaufstellung gewährten Vergütungen einem Stempel von 8 % des Gesamtbetrages. Die Erhebung dieses Stempels geschieht in der Weise, daß der Vorstand der Gesellschaft bei Aufstellung der Bilanz eine besondere Aufstellung anfertigt, aus der die Summe der gesamten, dem AR. gezahlten Vergütungen (Gewinnanteile, Tantiemen, Gehälter, Tagegelder, Reisegelder usw.) hervorgeht. Von der Gesamtsumme dieser Aufstellung wird der Stempel erhoben. Dem Reiche gegenüber ruht die Verpflichtung zur Entrichtung der Abgabe bei der Gesellschaft. Das Gesetz sagt aber ausdrücklich, daß die Gesellschaft sie „zu Lasten der zum Bezuge der Vergütungen berechtigten Personen" zu entrichten habe. Der Gesellschaft steht also gegen die einzelnen Mitglieder des AR. ein Anspruch auf Erstattung der auf sie entfallenden Teilbeträge des Stempels zu.

Von der Erhebung der Abgabe befreit bleiben Aufstellungen, nach denen die Summe der sämtlichen Vergütungen nicht mehr als M. 5000.— beträgt. Übersteigt die Gesamtsumme der Vergütungen M. 5000.— so wird die Abgabe nur insoweit erhoben, als sie aus der Hälfte des M. 5000.— übersteigenden Betrages gedeckt werden kann. Tagegelder kommen für die Besteuerung nur in Betracht, wenn sie den Betrag von M. 50.— für den Tag übersteigen. Reisegelder sind zu versteuern, wenn sie über den Betrag der baren Auslagen hinausgehen.

Die Steuer ist der Form nach eine Urkundensteuer, dem Wesen nach sollen aber die Vergütungen selbst getroffen werden.

Erfaßt werden von der Steuer alle Vergütungen, die dem AR. gezahlt werden, nicht nur diejenigen, die er für seine eigentliche, also für die Überwachungstätigkeit erhält, sondern auch diejenigen Beträge, die für die ihm sonst obliegenden oder besonders übertragenen anderen Verrichtungen gezahlt werden.[189]) Jedoch kommen nur die Beträge in Frage, die dem AR. wegen seiner Tätigkeit als solcher zufließen. Vergütungen, die einzelne Mitglieder für ihre aus dem Rahmen ihrer AR.-Tätigkeit hinausfallenden etwaigen besonderen Dienste als Rechtsanwalt usw. erhalten, sind nicht steuerpflichtig.

f) Die steuerrechtliche Behandlung der Aufsichtsratsvergütung. Nach § 16 des Kriegssteuergesetzes vom 21. VI. 1916 ist als „Geschäftsgewinn" (der für die Berechnung des zu versteuernden Mehrgewinnes zu ermitteln ist) der nach den Grundsätzen kaufmännischer Buchführung berechnete Bilanzgewinn zu betrachten. Die Ausführungsbestimmungen vom 30. XI. 1916 sagen in § 20 Nr. 2 hierzu, daß die Tantieme des Vorstandes, wenn der Vorstand einen Rechtsanspruch auf sie habe, bei der Berechnung des Geschäftsgewinnes in Abzug gebracht werden könne, während die Tantieme des AR. den Geschäftsgewinn nicht vermindere. Diese Unterscheidung geht also von dem oben widerlegten Gesichtspunkte aus, daß die Vorstands- nicht aber auch die AR.-Tantieme den Reingewinn mindernde Unkostenbeträge darstelle.

Nach dem Preußischen Einkommensteuergesetz sind sowohl die dem Vorstand wie die dem AR. zu zahlenden Tantiemen als Betriebsausgaben zu betrachten, die das steuerpflichtige Einkommen vermindern.[190])

Die AR.-Mitglieder haben bei der Besteuerung ihres Einkommens die ihnen gezahlte Vergütung zu berücksichtigen, und zwar stellt sich diese Vergütung regelmäßig als Einkommen aus „gewinnbringender Beschäftigung" dar. Geschieht die Betätigung als AR.-Mitglied jedoch im Rahmen des sonstigen Gewerbebetriebes des Steuerpflichtigen, übernimmt also ein Bankier berufsmäßig bei den von seiner Bank kontrollierten Aktiengesellschaften Ämter als Mitglied des AR., so stellen die Vergütungen für diese Tätigkeit Einkommen aus „Handel und Gewerbe" dar. Der Unterschied ist deshalb von Bedeutung, weil das letztere Einkommen bei Steuerpflichtigen, die Handelsbücher nach Vorschrift des Handelsgesetzbuches führen, nach § 9 Nr. 3 EStG. nach dem dreijährigen Durchschnitt der dem Steuerjahr unmittelbar vorangegangenen Wirtschaftsjahre, das Einkommen aus „gewinnbringender Beschäftigung" dagegen nach dem Ergebnis des letzten Kalender- oder Wirtschaftsjahres zu berechnen ist.

Bei der Versteuerung der Vergütung als Einkommen aus gewinnbringender Beschäftigung sind zugrunde zu legen die tatsächlich in dem dem Steuerjahr vorangegangenen Kalender- oder Wirtschaftsjahr gezahlten oder doch fällig gewordenen Beträge, ohne Rücksicht darauf, für welches Geschäftsjahr der Aktiengesellschaft die Beträge zu zahlen sind.[191])

Ein Tantiemebetrag, der vor Genehmigung der Bilanz noch nicht ziffernmäßig feststeht, ist nicht „zugesichert" im Sinne des Artikels 21 Nr. 2 der Ausführungsanweisung zum EStG., er kommt infolgedessen für die Besteuerung nicht in Betracht.[192])

Anmerkungen.

1) Vgl. Denkschrift S. 123. 2) Vgl. auch Simon b. Holdheim 10, 25. 3) So auch Goldmann, Komm. z. Handelsgesetzb. zu § 190 Anm. 3 Z. 11; Staub, Komm. z. Handelsgesetzb. 9. Aufl. zu § 190 Anm. 5; Esser, „D. Aktiengesellsch." 3. Aufl. zu § 315 Anm. 1 (s. aber Anm. 13 zu § 241). 4) RG. 48, 40. 5) Dagegen: Esser zu § 190 Anm. 3; Behrend § 127 Anm. 3; dafür: Staub zu § 190 Anm. 1. 6) So auch Staub Anm. 15 zu § 246; Holdheim in s. Ztschr. 2, 66; Markus i. KGBl. 97, 69; dagegen: Goldmann, Anm. 3 II zu § 246. 7) Vgl. Simon i. LZ. („Leipz. Ztschr. f. Handels-, Wechsel- u. Konkursrecht") 08, 1. 8) So Entsch. d. Appellationsgerichtsh. Cöln v. IV. 11. 73, Goldschmidts Ztschr. 22, 337. 9) RG. 19, 123. 10) KG. i. KGJ. (Jahrb. d. Entsch. d. Kammergerichts) 32 A, 136. 11) Vgl. auch KGJ. 29 A, 101 u. 32 A, 136, ferner RG. 83, 382, wo gesagt wird, daß d. Satzung keine Abordnung in d. AR. bestimmen könne. 12) Vgl. Goldmann zu § 243 Anm. a IV. 13) Vgl. Esser, Anm. 1 zu § 243 gegen Katz u. Dyhrenfurth. 14) RG. 24, 54; Staub, Anm. 1 zu § 243; Goldmann, Anm. 1 III zu § 243; Esser, Anm. 5 zu § 243. 15) So auch KG. i. KGJ. 28 A, 224 (Hibernia-Fall) u. Staub, Anm. 1 zu § 243. 16) So auch Horrwitz (D. Recht d. Generalversamml. d. Aktiengesellsch. u. Kommanditgesellsch. a. Aktien, Berl. 1913) 9; Staub, Anm. 25 zu § 252. 17) Dafür: Goldmann, Anm. 3 I 2c zu § 212 u. Anm. 3 I 5 zu § 243; dagegen: Staub, Anm. 5 zu § 212 u. Anm. 2 zu § 243; Behrend, S. 784 Anm. 7; Cahn (D. Aufsichtsrat d. AG., 1907), S. 64. 18) Anders ist es bei der G. m. b. H., da § 3 Abs. 2 d. Ges. betr. d. G. m. b. H. die Auferlegung weiterer Verpflichtungen außer der zur Einzahlung des Stammanteils vorsieht. 19) S. auch Staub, Anm. 8 zu § 317; Goldmann, Anm. 1 I zu § 317; a. A.: Junk i. LZ. 8, 1642, allerdings unter Anerkennung der wirtschaftl. Überlegenheit des hier vertretenen Standpunktes. 20) Ebenso: Staub, Anm. 11 zu § 231 bezügl. Vorstand. 21) RG. 24, 55. 22) Ebenso: d. Kommentare u. RG. a. a. O. 23) OLG. Hamburg i. Bankarchiv 8, 273. 24) Das wurde allerdings auch früher schon vom RG. angenommen (vgl. RG. 20, 146), die Neufassung verfolgte ausdrücklich den Zweck, trotz dieser Entscheidung entstandene Zweifel zu beseitigen. 25) Im Ergebnis ebenso: Lehmann-Ring, Nr. 104; Künzel (D. Aufsichtsrat d. AG., 1902), 24; a. A.: Bernau i. Iherings Jahrb. 24, 225; Zitelmann i. Ztschr. f. Handelsr. 52, 31; KGJ. 29 A, 100;

Goldmann, Anm. 3 III zu § 243; Staub, Anm. 10 zu § 243, der letztere unterscheidet in Anm. 19 zu § 231 bei Behandlung der Abberufung des Vorstandes richtig zwischen dem Amte als Vorstand und dem zugrunde liegenden Dienstvertrag, ohne diese Unterscheidung auch bei der Frage der Amtsniederlegung anzuwenden. 26) S. auch Staub, Anm. 11 zu § 243. 27) Ebenso: die Kommentare, s. auch RG. 13, 50. 28) RG. i. JW. 1911, 223 Nr. 36, wie hier ferner Rießer („Zur Aufsichtsratsfrage" i. d. Festgabe f. R. Koch); Künzel, „D. Aufsichtsrat", 40ff.; Goldmann, Anm. 1 II zu § 246. 29) Wie hier Rießer a. a. O. u. Urteil d. OLG. Cöln i. S. W. ·/. Rhein. Aktien-Verein f. Zuckerfabr., vollständig — jedoch ohne Datum und Aktenz. — abgedruckt i. d. Köln. Zeitung v. 13. IV. 1917 Nr. 354. 30) So auch Staub, Einl. zu § 246; Pinner, S. 171; OLG. Karlsruhe b. Holdheim 1, 58. 31) Vgl. auch KG. i. OLG. 12, 431. 32) Begründung I Novelle v. 1884 S. 223. 33) Vgl. Dernburg I § 86 III 2 Anm. 18; Staub, Anm. 2 zu § 246; JW. 1900, 186. 34) So auch Goldmann, Anm. 2 I zu § 247; Staub, Anm. 6 zu § 247. 35) So auch Staub, Anm. 5 zu § 246; Goldmann, Anm. 1 II 3c. 36) So auch die Kommentare u. Simon, S. 158 Anm. 24. 37) Ebenso: Horrwitz, S. 333; vgl. auch Marcuse i. LZ. 1912, S. 605. 38) So auch RG. I; JW. 1911, 223 Nr. 36. 39) Ebenso: Staub, Anm. 15 zu § 271; Esser, Anm. 7 zu § 271; Holdheim 12, 219; vgl. auch OLG. Jena i. ZHR. 43, 324, wo die gleiche Frage für den Vorstand bejaht wird. 40) Dafür: Hagen b. Gruchot 42, 366; Goldmann, Anm. 3 II 3b zu § 271; dagegen: Staub, Anm. 15 zu § 271 u. die dort zitierten. 41) Ebenso: Esser, Anm. 6 zu § 271; a. A.: Macower, S. 73. 42) Vgl. Staub, Anm. 2 zu § 249. 43) Ebenso: RG. 63, 209. 44) So RG. 39, 64; 74, 429 u. i. JW. 1900, 661 Nr. 13; JW. 1911, 223 Nr. 35; OLG. Colmar i. LZ. 1910, 247 Nr. 6; Staub, Anm. 16 zu § 241 u. die dort zitierten Schriftsteller. 45) Ebenso: RG. i. JW. 1900, 664 Nr. 19; 1904, 43 Nr. 13 u. b. Holdheim 13, 132; Staub, Anm. 3 zu § 249. 46) Ebenso: Staub, Anm. 4 zu § 241. 47) Ebenso: Küntzel a. a. O. 57. Die herrschende Ansicht geht allerdings dahin, daß der Kläger nur beweisen müsse, daß durch das Verhalten des Aufsichtsratsmitgliedes ein Schaden entstanden sei, während dieses letztere dem gegenüber darzutun habe, daß sein Verhalten keine Pflichtverletzung darstelle. Diese Ansicht wird darauf gestützt, daß es dem Wesen des Auftrags und der auftragsähnlichen Verhältnisse entspreche, daß der Beauftragte Rechenschaft abzulegen habe (vgl. Staub, Anm. 2 zu § 241; RG. 35, 86 u. b. Holdheim 17, 235). Gegenüber der Fassung des Gesetzes dürfte dieser Grund jedoch nicht durchschlagend sein. 48) Ebenso: Staub, Anm. 27 zu § 241. 49) Ebenso: RG. 63, 324 u. i. JW. 1910, 285 Nr. 17; 617 Nr. 9; OLG. Hamburg i. OLG. 12, 433; Staub, Anm. 28 zu § 241. 50) Goldmann zu § 193 Anm. 1 II. 51) A. A.: Sattler („D. Revision b. Gründung d. AG.", Berl. 1893) 55, wie hier: die Kommentare. 52) So RG. i. St. 26, 66. 53) So RG. i. St. 24, 9. 54) Sowohl RG. 41, 122. 55) Ebenso:

RG. 12, 155; Esser, Anm. 5 zu § 195. 56) RG. i. St. 24, 286; 30, 318. 57) Ebenso: RG. i. Goldtammers Arch. 48, 304, wogegen Staub, Anm. 20 zu § 195 ¼ des Barbetrages und das Aufgeld eingezahlt wissen will. 58) Ebenso: RG. i. St. 26, 66; 33, 252; RG. i. Goldtammers Arch. 48, 304. 59) Vgl. den Kommissionsbericht z. Novelle v. 1884 zu Art. 210 AHGB. S. 9 u. 10; RG. i. St. 24, 292; RG. i. JW. 1912, 951 Nr. 45. 60) Ebenso: RG. 24, 286; 36, 112. 61) Dafür: Staub i. DJZ. 1903, 76 u. i. s. Komm. Anm. 19 zu § 195, weil der Vorstand auch im Fall der Pfändung immer noch mittelbarer Besitzer sei. 62) A. A.: Ring, Nr. 1. 63) Ebenso: KGJ. 24 A, 198; OLG. 5, 278; OLG. Jena i. RJA. 9, 42; Staub, Anm. 1 zu § 280. 64) Ebenso: Beschluß des KG. v. 14. VII. 02 i. ZHR. 53, 20. 65) Ebenso: KG. i. KGJ. 28 A, 236; Staub, Anm. 1 zu § 280; a. A.: Landger. Berl. I b. Holdheim 6, 274. 66) Ebenso: OLG. Dresden i. LZ. 07, 843; Staub, Anm. II zu § 284. 67) Vgl. ZAG. 23, 171. 68) So auch RG. 45, 153. 69) Ebenso: Esser, Anm. 2 zu § 298 unter Berufung auf ROHG. 24, 225. 70) So auch Staub, Anm. 1 zu § 248; Pinner, S. 174. 71) So auch die allgemeine Ansicht und jetzt auch Staub, Anm. 1 zu § 248. 72) Vgl. Goldmann, Anm. 1 II 1 zu § 248. 73) Ebenso: Staub, Anm. 2 zu § 248; Kommissionsber. zu d. Novelle v. 1884 S. 22. 74) Staub, Anm. 2 zu § 248. 75) Ebenso: Behrend a. a. O.; Esser zu § 248 Anm. 7; Pinner a. a. O.; a. A.: Goldmann, Anm. 2 I 4 zu § 248. 76) Ebenso: Staub, Anm. 3 zu § 248 u. d. dort zitierten. 77) Ebenso: RG. i. Bankarch. 1914, 107. 78) A. A.: Bitterfeld i. Zeitschr. f. Aktienwesen 10, 88; Cahn, S. 165; Makower, S. 543, wie hier aber die allgemeine Meinung, insbes.: Fuld i. ZAW. 10, 81; Küntzel a. a. O. S. 30; Dernburg § 86 III 2 S. 277; Goldmann 2 I 3; Esser, Anm. 2 zu § 248; KG. i. KGJ. 20 A, 164 u. RJA. 9, 106; jetzt auch Staub, Anm. 3 zu § 248. 79) So Goldmann, Anm. 2 I 3 zu § 248; KG. i. KGJ. 15, 30. 80) RG. i. JW. 1913, 1105 Nr. 6. 81) RG. i. JW. 1904, 100 Nr. 30. 82) RG. b. Holdheim 24, 11. 83) Ebenso: Horrwitz, S. 172. 84) Abgedr. b. Holdheim 11, 266. 85) RG. 35, 83. 86) So Goldmann 2 II zu § 246. 87) So Simon i. DJZ. 1903, 778 ff. 88) So Horrwitz, S. 166. 89) So Endemann b. Holdheim 12, 201; Liebmann b. Holdheim 13, 9; Lehmann i. DJZ. 04, 962 u. Gutachten zum 27. Deutschen Juristentag 04 S. 57 ff. (72); Staub, Gutachten z. 27. Deutschen Juristentag S. 85; Staub, Komm. zu § 253 Anm. 4; Esser zu § 246 Anm. 6. 90) So Horrwitz, S. 167 u. die dort zitierten. 91) Das RG. hat übrigens in seiner Entscheidung v. 13. 6. 06 (Holdheim 15, 242) seinen alten Standpunkt verlassen. 92) Ebenso die oben zitierte RG.-Entsch. v. 3. 5. 02 im Gegensatz zu RG. 35, 83 sowie Staub, Anm. 5 zu § 253. 93) Vgl. „Recht" 04, 579. 94) Ebenso: RG. 41, 5. 95) Ebenso: Bauer i. ZAG. 23, 6; a. A.: Meyer i. LZ. 9, 1088. 96) Ebenso: Staub, Anm. 14 zu § 238 u. die dort zitierten Schriftsteller. 97) Ebenso: Staub, Anm. 14 zu § 233; Ring, Nr. 8; eingeschränkt auch Goldmann, Anm. 2 III 2 § 238. 98) Ebenso jetzt auch Staub, Anm. 17 zu § 233 mit der ganzen sonstigen Literatur. 99) Ebenso: Goldmann, Anm. 3 I zu § 246; Staub, Anm. 10 zu § 246; vgl. auch OLG. Hamburg i. ZHR. 35, 247. 100) Ebenso: Staub, Anm. 10 zu § 246. 101) Ebenso: RG. i. JW. 1900, 186 Nr. 15; OLG. Dresden i. OLG. 12, 435; Staub, Anm. 5 zu § 241; a. A.: Dernburg, Bd. 1 § 86 Anm. 14. 102) Simon, S. 239. 103) Rehm, S. 299. 104) Ebenso: Rehm, S. 299; Simon, S. 268. 105) Ebenso: Staub, Einl. zu § 246 u. Anm. 3 zu § 247; RG. i. JW. 1897, 349; a. A.: Goldmann, Anm. 3 III zu § 246; OLG. Hamburg i. ZHR. 40, 476; RG. i. JW. 90, 422. 106) ROHG. 6, 133. 107) Ebenso: Staub, Anm. 23 zu § 182; Goldmann, Anm. 2 II zu § 182 Nr. 4 u. die ganze übrige Literatur; ferner: KGJ. 10, 35. 108) So Goldmann, Anm. 1 I zu § 247; Lehmann-Ring, Nr. 1. 109) Ebenso: Pinner, S. 172; Staub, Anm. 1 zu § 247. 110) So auch Staub, Einl. zu § 246; Pinner, S. 171; OLG. Karlsruhe b. Holdheim 1, 58. 111) KG. i. OLG. 12, 431. 112) RG. i. JW. 04, 100 Nr. 30. 113) Ebenso: Staub, Anm. 4 zu § 247. 114) RG. 66, 37 u. i. JW. 1913, 210. 115) Ebenso: RG. i. JW. 1913, 210 Nr. 24; vgl. auch OLG. Cöln i. Rhein. Arch. 95, 19; OLG. Dresden i. OLG. 5, 277. 116) Ebenso: Staub, Anm. 5 zu § 272; a. A.: Alexander i. ZHR. 40, 108. 117) Ebenso: RG. a. a. O. 118) So auch RG. i. JW. 1896, 662. 119) Ebenso: Staub, Anm. 5 zu § 272. 120) Ebenso: Staub, Anm. 5 zu § 272. 121) Ebenso: Goldmann, Anm. 1 II a 4; a. A.: Staub, Anm. 5 zu § 272; vgl. auch § 57 ZPO. 122) RG. v. 1. 3. 1912 i. ZAG. 20, 170. 123) Ebenso: RG. 44, 9; 75, 320. 124) Vgl. Staub, Zusatz 5 zu § 256. 125) RG. 68, 233. 126) Vgl. RG. i. JW. 1901, 659 Nr. 26; 1908, 674 Nr. 2. 127) Vgl. Horrwitz, S. 184. 128) Vgl. KGJ. 3, 8. 129) Ebenso: RG. 36, 26; Horrwitz, S. 196, jetzt auch Staub, Anm. 13 zu § 256. 130) Ebenso: OLG. Bamberg i. LZ. 1908, 468; Staub a. a. O. 131) Vgl. Ritter i. DJZ. 1911, 641. 132) JW. 1916, 175. 133) S. KG. v. 4. 3. 1916 i. ZAW. 26, 123 über Schließung der Generalversammlung gegen ihren Willen. 134) Ebenso: Horrwitz, S. 215. 135) So Horrwitz, S. 215 u. i. JW. 1916, 887; Staub, Anm. 20 zu § 260. 136) Vgl. RG. v. 22. 4. 13 Bd. 82, 183. 137) So Ritter, Anm. 8 zu § 246. 138) So Staub, Anm. 20 zu § 260. 139) So Marcuse i. LZ. 1912, 600 ff. 140) So RG. b. Holdheim 17, 147; OLG. Hamburg i. OLG. 14, 351; Horrwitz, S. 215. 141) Horrwitz a. a. O. 142) Ebenso: RG. 65, 244. 143) Ebenso: Staub, Anm. 2 zu § 205. 144) Ebenso: Staub, Anm. 25 zu § 252 u. die dort zitierte Rechtsprechung. 145) RG. 60, 172. 146) RG. 81, 37. 147) Die Entscheidung RG. 74, 276 betrifft zwar die Gehaltserhöhung bei dem Geschäftsführer einer G. m. b. H., kann aber unbedenklich auch auf die Erhöhung der Bezüge der Aufsichtsratsmitglieder angewandt werden. 148) Vgl. Staub, Anm. 26 zu § 252. 149) Vgl. RG. 85, 170. 150) Ebenso: Simon, S. 13/14; Staub, Anm. 8 zu § 260. 151) Die in seiner Entscheidung 55, 75 vertretene Ansicht, daß die

Entlassung lediglich dem AR. als solchem erteilt werde und nur sage' daß die Tätigkeit des Organs einwandfrei sei, daß sie aber nicht einen Verzicht auf die Ansprüche gegen einzelne Mitglieder enthalte, hat das RG. in seiner Entscheidung 65, 244 aufgegeben. 152) Staub, Anm. 17 zu § 260. 153) Vgl. RG. 70, 132; ferner 70, 51 u. b. Holdheim 13, 134; 14, 140 i. LZ. 08, 229; 456, 543; vgl. auch KG. i. DJZ. 04 Sp. 316. 154) Vgl. Goldmann, Anm. 1 II 5 zu § 260; Staub, Anm. 13 zu § 260. 155) RG. 70, 132. 156) Staub, Anm. 14 zu § 260. 157) S. auch ZAG. 21, 265. 158) Ebenso: Koelges i. LZ. 8, 1293. 159) So auch ZAG. 21, 243. 160) So KGJ. 40 A, 87. 161) RG. i. JW. 07, 716 Nr. 25; Staub, Anm. 14 zu § 246. 162) KG. v. 16. 2. 12 i. KGJ. 42, 164; ferner Staub, Anm. 14 zu § 246. 163) So KG. i. RJA. 11, 277; vgl. aber die Kritik von Marcus b. Holdheim 21, 249; wie hier auch OLG. Düsseldorf v. 5. 2. 13 in Bankarch. 13, 89. 164) Staub, Anm. 13 zu § 246. 165) Ebenso: Staub, Anm. 13 zu § 246. 166) Vgl. Staub, Anm. 12 zu § 246. 167) S. auch das Urteil des RG. in Köln. Ztg. v. 7. 7. 17. Abd.=Ausg. Nr. 647. Nach diesem Urteil hat die Entlastung durch Urteilsspruch absolute, sich auf alle Vorgänge innerhalb der betr. Zeit erstreckende Wirkung. 168) Vgl. Staub, Anm. 13 zu § 245; Goldmann, Anm. 1 I 2 zu § 245. 169) ROHG. 22, 281. 170) Vgl. Goldmann, Anm. 1 II 4 zu § 245. 171) Vgl. RG. 75, 308; Staub, Anm. 4 zu § 245. 172) Ebenso die Literatur. Vgl. Staub, Anm. 16 u. 18 zu § 237, Anm. 9 zu § 245; Goldmann, Ziffer 5 zu § 237; Rehm (D. Bilanzen d. Aktiengesellsch.) § 83 III S. 325 u. § 84 S. 330; Weill b. Holdheim 22, 56 ff.; RG. v. 22. 3. 02 i. JW. 02, 255 Nr. 22. Anderer Ansicht: Preische (Gewinnvortrag u. Tantiemeberechnung f. Vorstand u. Aufsichtsrat d. AG.); Walb (D. Streit um die Berechnung der Gewinnanteile bei der AG., Bonn 1915), S. 24; OLG. Cöln im Falle v. d. Zypen=Wissen (vgl. Köln. Zeitung v. 29. 3. 17. Abd.=Ausg.) u. i. Falle Rhein. Aktienver. f. Zuckerf., vgl. Köln. Ztg. v. 13. 4. 17 Nr. 354. 173) Vgl. Ausführungsanw. z. Preuß. Einkommensteuerges. Art. 28 u. Fuisting, Gr. Kommentar z. ESTG. 711 sowie die dort zitierte Entsch. d. OVG., Entsch. i. ST.: Steuersachen Bd. 14, 248. 174) Vgl. Kriegssteuerges. v. 21. 6. 1916 § 16 u. Ausführungsbestimmungen d. Bundesrats dazu v. 30. 11. 1916 § 20 Nr. 2. 175) So Staub, Anm. 11—16 zu § 237, Anm. 7—11 zu § 245; Goldmann, Ziffer 4 u. 5 zu § 237; Lehmann=Ring, Nr. 4 zu § 237; Nr. 2 zu § 245; Weill a. a. O. S. 53/54; Preische a. a. O. S. 17 ff.; Leist i. Bankarch. 12, 400; OLG. Colmar i. Bankarch. 14, 104; OLG. Cöln i. d. beiden in Anm. 172 angegebenen Entscheidungen. 176) So Rehm, § 83 III A 2 b S. 325 u. § 84 III S. 329; Esser, Anm. 2 zu § 237; Simon, S. 11; Renser i. d. „Ztschr. f. d. ges. Versicherungswissensch. Bd. 13, 600; Beumer („Über Reingewinn, Gewinnvortrag u. Tantiemeberechnung"), S. 7 ff. u. 20 ff.; Riesenfeld („D. Einfluß d. neuen Aktienrechtes a. d. Statuten d. bestehenden Aktiengesellsch."), S. 101; Steiner b. Holdheim 10, 218; Richter i. Bankarch. 12, 278; Walb, S. 11 ff.; vor allem Esser

i. JW. 1916, 794 u. i. seinen Schriften: „Zur Frage d. Berechnung der Gewinnanteile", Bonn, Marcus u. Weber 1915 u. „D. Urteil d. OLG. Cöln v. 28. 3. 1917", gleicher Verl.; Landger. Mainz b. Holdheim 14, 207; OLG. Kiel v. 28. 10. 1913 i. LZ. 1914, 789 u. i. Bankarch. 13, 261. 177) Vgl. RG. 85, 319. 178) So auch Walb, S. 17. 179) Vgl. Preische a. a. O. S. 29; Richter im Bankarch. 12, 400. 180) Vgl. Staub, Anm. 15 zu § 237. Anderer Ansicht: Richter i. Bankarch. 12, 279. 181) Ebenso: Staub, Anm. 17 zu § 237; Rehm, S. 330; Goldmann, Ziff. 5 zu § 237; Weill a. a. O. S. 50; Esser, Anm. 2 zu § 237. Anderer Ansicht: Richter a. a. O. 182) Vgl. Hachenburg i. JW. 1916, 11 ff. (23); Hamm i. DJZ. 1916, 164; Fuld i. Recht 1916, 93; Stier-Somlo, Komm. z. Kriegssteuerges. Anm. 5 zu § 4. Anderer Ansicht: Korsch i. JW. 1916, 790 ff. 183) Vgl. Staub, Anm. 15 zu § 237. 184) Vgl. Weil b. Holdheim 22, 53; wie Staub jedoch OLG. Dresden b. Holdheim 9, 282. 185) Vgl. Simon, S. 11; RG. 1914, 298. 186) Vgl. RG. 75, 308 u. i. JW. 1911, 400 Nr. 10; KG. i. OLG. 22, 2; Breit i. LZ. 1911, 438. 187) Vgl. RG. 11, 163. 188) Vgl. RG. i. JW. 1913, 496 Nr. 13; Jäger, Komm. z. KO. Anm. 11 zu § 61. 189) RG. 73, 355. 190) Vgl. Fuisting, Gr. Komm. z. ESTG. S. 711 u. d. dort zitierte Entscheidg. d. OVG. i. St. 14, 248. S. auch Ausführungsanw. Art. 28 Nr. 1. 191) Entsch. d. OVG. i. St. 11, 31; 13, 55. 192) Vgl. OVG. b. Fuisting I I 1 S. 1218 Anm. b zu Art. 21.

Anzeigen

Studien zur Rheinischen Geschichte

Herausgeber: Dr. jur. Albert Ahn

Heft 1: **Niederrheinisches Geistesleben im Spiegel klevischer Zeitschriften des achtzehnten Jahrhunderts.** Von Dr. **Paul Bensel.** Preis 6.— M.

Die Benselsche Arbeit führt die angekündigte Sammlung würdig ein. Sie gibt eine Darstellung der Entwicklung des klevischen Zeitschriftenwesens im 18. Jahrhundert. — Dem rührigen Verleger ist für dieses so erfreulich eingeleitete Unternehmen der Dank der literarischen Kreise des Rheinlandes gewiß. Kölnische Zeitung.

Das ganze Werk dürfte wohl geeignet sein, ein Licht auf jene Zeiten zu werfen und kann darum sehr empfohlen werden.

Rheinisch-westf. Zeitung.

Heft 2: **Die Rheinlande und die Preußische Verfassungsreform auf dem ersten Vereinigten Landtag (1847).** Von Dr. **E. Hemmerle.** Preis 6.— M.

In gewandter Darstellung versteht es Hemmerle, die Fülle der Aufgaben und die wechselvolle Reihe politischer Urteile vorzuführen, die der vereinigte Landtag im Rheinland und in den Rheinländern auslöst. Verzeichnisse der rheinischen Mitglieder und ihrer Abstimmungen bilden eine wertvolle Ergängung. Literarisches Zentralblatt.

Heft 3: **Preußens Verfassung und Verwaltung im Urteile rheinischer Achtundvierziger.** Von Dr. phil. **Helene Nathan.** Preis 3.60 M.

Sie bemüht sich im allgemeinen mit Erfolg, streng gerecht zu urteilen und ihren eigenen politischen Standpunkt zurücktreten zu lassen. In diesem Streben nach Gerechtigkeit bedauert sie es am Schluß, daß das Thema ihr nicht gestattet habe, die zahlreichen Wohltaten, welche die preußische Regierung den Rheinlanden brachte, ausführlich zu behandeln, weil die rheinischen Politiker in ihrer Kampfstellung begreiflicherweise mehr die Schatten- als die Lichtseiten der preußischen Verwaltung betont hätten.

Zeitschrift des Aachener Geschichtsvereins.

Studien zur Rheinischen Geschichte

Herausgeber: Dr. jur. Albert Ahn

Heft 4: **Die Rhein- und Moselzeitung.** Ein Beitrag zur Entstehungsgeschichte der katholischen Presse und des politischen Katholizismus in den Rheinlanden. Von Dr. phil. **Friedrich Mönckmeier.** Preis 4.— M.

Mönckmeiers Arbeit zeigt, wie das Studium der Geschichte auch nur eines einzelnen Preßorgans das Leben selbst, diesen eigentlichen Gegenstand der Geschichte, an seiner Wurzel packt und geeignet ist, nicht allein nüchterne Tatsachen und für Nichthistoriker bedeutungslose Daten festzustellen, sondern gleich ganze Systeme feiner und feinster Kulturzusammenhänge aufzudecken.

Katholische Kirchenzeitung.

Heft 5: **Beiträge zur Geschichte des Kölner Kirchenstreites von 1837.** Von Dr. phil. **Paul Vogel.** Preis 3.— M.

Der Kölner Kirchenstreit, der unstreitig den Ausgangspunkt der gewaltigen Entwicklung des politischen Katholizismus im 19. Jahrhundert bildet, ist in seinem inneren Wesen noch viel zu wenig geklärt. Schon aus diesem Grunde verdienen die Studien Vogels, der zum Teil aus wertvollen ungedruckten Quellen schöpfen kann, größte Beachtung.

Literarisches Zentralblatt.

Heft 6: **Das höhere Schulwesen in der Stadt Köln zur französischen Zeit.** 1794—1814. Von Dr. phil. **Wilhelm Leyhausen.** Preis 2.— M.

In klarer Darstellung gibt der Verfasser einen Überblick über das höhere Schulwesen Kölns in den 20 Jahren der französischen Herrschaft.

Kölnische Zeitung.

Das höhere Schulwesen in der Stadt Köln zur französischen Zeit (1794—1814) von Dr. phil. W. Leyhausen hat die Entwicklung des Kölner Schulwesens zur Napoleonischen Zeit zum Gegenstande, die Schrift gewährt aber auch Einblicke in die Stimmung der Kölner Bevölkerung. So durchaus franzosenfreundlich, wie oft angenommen, war sie denn doch nicht.

Krefelder Zeitung.

Studien zur Rheinischen Geschichte

Herausgeber: Dr. jur. Albert Ahn

Heft 7: **Joseph Görres und die Anfänge der preußischen Volksschule am Rhein.** 1814—1816. Von Dr. phil. **Alfons Schagen.** Preis 3.— M.

Es war dringend nötig, daß die Akten des Düsseldorfer und Koblenzer Staatsarchivs gründlich durchgearbeitet wurden. Dieser Arbeit hat sich Sch. in einer trefflichen Studie unterzogen, in der er auf breiter Grundlage eine Schilderung von Görres' Schultätigkeit aufbaut, die umfassender ist, als man bisher ahnte. Aufs neue müssen wir die alles beherrschende und an alles sich schmiegende Vielseitigkeit des Mannes bewundern. —

Kölnische Volkszeitung.

Heft 8: **Beiträge zur preußischen Finanzpolitik in den Rheinlanden während der Jahre 1815—1840.** Von Dr. phil. **Emil Käding.** Preis 3.80 M.

Um mein Urteil über Käding's Buch zusammenzufassen, so glaube ich, daß es, mit Kritik benutzt, der Forschung durch manche positive Angabe nützliche Dienste leisten kann.

E. v. Beckerath in „Schmollers Jahrbuch".

Heft 9: **Gottfried Kinkel im Kreise seiner Kölner Jugendfreunde** nach einer beigegebenen unbekannten Gedichtsammlung. Von Privatdoz. Dr. **Carl Enders.** Preis 2.80 M.

Heft 10: **Gottfried Kinkels Kämpfe um Beruf und Weltanschauung** bis zur Revolution. Von Dr. **Martin Bollert.** Preis 3.60 M.

Beide Arbeiten liefern wertvolle Beiträge zur Kenntnis der vormärzlichen Jugendentwicklung des rheinischen Achtundvierzigers. Die Studie Bollerts ist überhaupt der erste Versuch, diese an Irrungen und Wirrungen reiche Jugendentwicklung wissenschaftlich zu durchleuchten. Beide Schriften benutzen interessantes ungedrucktes Material. — Beiden Verfassern ist die Kinkelforschung zu lebhaftem Dank verpflichtet.

J. Hashagen in der „Hilfe".

FSC
www.fsc.org
MIX
Papier | Fördert
gute Waldnutzung
FSC® C083411

Kolibri 360 GmbH
Ferdinand-Jühlke-Straße 7
99095 Erfurt, Deutschland
produktsicherheit@kolibri360.de